U0129183

中國文學欣賞舉隅

王鵬凱　編著

文史哲出版社印行

國家圖書館出版品預行編目資料

中國文學欣賞舉隅 / 王鵬凱編著.-- 初版 --
臺北市：文史哲, 民 102.09
頁；公分
　參考書目：頁
　ISBN 978-986-314-144-0（平裝）

820　　　　　　　　　　　　102017352

中國文學欣賞舉隅

編 著 者：王　　鵬　　凱
出 版 者：文 史 哲 出 版 社
http://www.lapen.com.tw
e-mail：lapen@ms74.hinet.net
登記證字號：行政院新聞局版臺業字五三三七號
發 行 人：彭　　正　　雄
發 行 所：文 史 哲 出 版 社
印 刷 者：文 史 哲 出 版 社
臺北市羅斯福路一段七十二巷四號
郵政劃撥帳號：一六一八〇一七五
電話886-2-23511028・傳真886-2-23965656

實價新臺幣二八〇元

中華民國一〇二年（2013）九月初版

中國文學欣賞舉隅

目　次

前言代序 ⋯⋯⋯⋯⋯⋯⋯⋯⋯⋯⋯⋯⋯⋯⋯⋯⋯⋯⋯⋯⋯3

一、中國文學的起源 ⋯⋯⋯⋯⋯⋯⋯⋯⋯⋯⋯⋯⋯⋯⋯⋯5

二、先秦文學之《詩經》選介 ⋯⋯⋯⋯⋯⋯⋯⋯⋯⋯⋯15

三、先秦文學之《楚辭》選介 ⋯⋯⋯⋯⋯⋯⋯⋯⋯⋯⋯27

四、先秦文學之史傳散文選介 ⋯⋯⋯⋯⋯⋯⋯⋯⋯⋯⋯37

五、先秦文學之哲理散文選介 ⋯⋯⋯⋯⋯⋯⋯⋯⋯⋯⋯47

六、漢賦選介 ⋯⋯⋯⋯⋯⋯⋯⋯⋯⋯⋯⋯⋯⋯⋯⋯⋯57

七、漢代散文選介 ⋯⋯⋯⋯⋯⋯⋯⋯⋯⋯⋯⋯⋯⋯⋯63

八、漢代樂府與古詩選介 ⋯⋯⋯⋯⋯⋯⋯⋯⋯⋯⋯⋯73

九、魏晉南北朝文學選介 ⋯⋯⋯⋯⋯⋯⋯⋯⋯⋯⋯⋯83

十、唐代詩文選介 ⋯⋯⋯⋯⋯⋯⋯⋯⋯⋯⋯⋯⋯⋯107

十一、唐代傳奇小說選介 ⋯⋯⋯⋯⋯⋯⋯⋯⋯⋯⋯⋯125

十二、宋詞選介 ⋯⋯⋯⋯⋯⋯⋯⋯⋯⋯⋯⋯⋯⋯⋯133

十三、元曲選介 ⋯⋯⋯⋯⋯⋯⋯⋯⋯⋯⋯⋯⋯⋯⋯143

十四、宋元話本小說選介 ⋯⋯⋯⋯⋯⋯⋯⋯⋯⋯⋯⋯155

十五、明代文學選介 …………………………………163

十六、清代文學選介 …………………………………175

十七、清代小說選介 …………………………………181

十八、台灣古典文學選介 ……………………………191

十九、台灣現代文學選介 ……………………………203

二十、應用文書簡介 …………………………………217

前言代序

　　光輝燦爛的中國文學，其流變已有四千年悠久的歷史，再加上文學體制之繁多、風格之多方、作者與作品之盛實在難以臚列勝數。在這樣複雜的情形下，想要對中國文學加以融會貫通，做一綜合性、系統性的介紹，實非易事。四技的中國文學欣賞與寫作課程，對於非中文系學生來說，可能是一生中最後修習的國文課程。以往教學多採用範文研讀的方式，難免會給人有「高四國文」的印象，不僅「師勤而功半」，又「從而怨之」。其實學生經過國、高中六年的範文研讀，應該對中國文學有一些基礎的認識，如能利用這一年的課程，將以往未按照時間先後次序教授的範文所獲得的國學常識，做一有系統、綜合性的回顧，帶領學生走過中國文學歷史的長廊，貫通以往零散的知識，化為一生受用的清晰概念，則是筆者最大的願望。本書內容依一學年上課的時間分為 20 個單元，自中國文學的起源一路按照時間先後次序介紹到現代文學，對各時代的文學代表體裁，敘述其萌生與發展歷史，選介其重要作家與作品，教材之舉例則力求淺顯易懂、精簡扼要、生動有趣，並搭配相關的教學影片，期盼能讓技職體系的學生

不再視國文爲畏途。

　　筆者自就讀中文系以來，至今三十餘年，特別感受到中國文學猶如浩渺無際的淵海，一如武俠小說中所提到少林寺武學博大精深，有 72 項絕技，歷代高僧就算是出類拔萃者也無人能遍通。面對著無涯的中國文學，筆者的心境，就如同面對少林絕技一般，深知就算勤習不輟，所知仍猶如滄海一粟，是以本書之編纂，缺漏自所難免，還期方家指教是幸。

　　　　　　　王鵬凱 識於南開科技大學　102.6.30

一、中國文學的起源

什麼是文學、文學的價值和文學的起源

　　在介紹中國文學的起源之前，讓我們先簡單地對什麼是文學、文學的價值和文學的起源做一介紹。什麼是文學？這是一個看似簡單其實卻很複雜的問題，古今中外隨著不同的時代、地域，各家見解並不相同。綜合各家之說，試由廣義、狹義二者以言：就廣義而言，泛指一切學術或著作；就狹義而言，以文字為工具，透過作者的想像，用美好的形式與技巧，來表現作者的情感、思想，描繪作者所觀察的人生、所發掘的人性，並隱隱予以批評指導，使一般讀者易於理解，感覺興趣，因欣賞玩味而發生情感共鳴，得到美的滿足，此種藝術品，稱之為文學。[1]

---

1 引自王師志忱《文學原論》，啟德出版社，1978，頁 42。

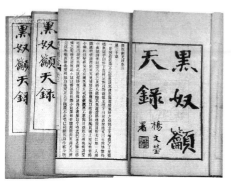

　　其次，就文學的價值而言，技職體系的學生或許會有為什麼要研讀文學（國文）的疑問。除了提升語言文字的表達能力這項最主要的原因之外，文學還能夠增進對人生的瞭解，有助於胸襟視野的擴大，進而為人生的抉擇作出啟示與指導。文學寫出一個活生生且具體的現象，使人跳出一己狹小的範圍，透過觀看別人的人生進而更瞭解人生與人性。例如歌德的《浮士德》寫出主角在面對魔鬼的引誘這樣鉅大的生命考驗時，該何去何從？對於芸芸眾生，徘徊於人生歧途上的心靈，此書的引昇力是不容低估的。又如讀到徐志摩面對苦戀時所寫的「我將在茫茫人海中尋訪我唯一之靈魂伴侶。得之，我幸；不得，我命。如此而已。」相信對同樣陷入苦戀的人，這句話應該會有所慰藉與啟發吧！至於文學有能改造社會、促進社會進步的作用，更是其屢見不鮮的價值。雨果的《悲慘世界》描寫一個罪犯因為受到地方主教的感化而洗心革面成為一個賢者，在他被選為市長之後，便戮力從事改革行政、造福人民的事業，未嘗不是在提醒我們應該給受刑人再生的機會。斯托威太太（Mrs. Harriet Beecher Stowe）的《黑奴籲天錄》，透過她的妙筆，我們看到黑奴制度的不合理以及黑奴們的悲慘遭遇，才讓當時人們關注到黑奴的種種問

題，如人們對黑奴之不人道，黑奴制度應否存在等問題。有評論家曾說：若無此書，林肯不可能順利當選總統。儘管此書曾引起許多非議、爭端，但也直接促成了美國人解放黑奴的決心。

至於文學的起源，也有種種說法，今將其整理，依文學產生情形作一界說如下：

（一）人類為萬物之靈，生而有性，不但具有求生之本能與求生之智慧，且七情亦是生而俱來，弗學而能。

（二）先民運用智慧與體力，與惡劣的環境奮鬥以求生存。

（三）在奮勉求生之際，遭遇到可喜可愕、可悲可嘆之種種事物；人稟七情，應物斯感，因而引起內心的喜怒哀樂之情。

（四）情動於中而形於言，波動的情感不能默然壓抑於心，必盡量予以發洩表現而後快。

（五）先民運用智慧，藉由種種方式，將所思所感做具體的表現 —— 謳歌扑舞、呼籲呻吟，文學乃由此而生。[2]

中國文學的起源

從遠古洪荒世界到西元前 122 年秦朝建立為止，這段時間是中國文學的發生與初創時期。在甲骨文尚未產生以前，先民就有了口耳相傳的歌謠與神話，這些遠古歌謠和

---

2 引自王師志忱《文學原論》，啟德出版社，1978，頁 64。

神話[3]，我們稱之為傳說時期的文學。神話和詩歌，是文學最早的兩個源頭。神話的源頭發展成故事類型的文學 —— 小說和戲劇；詩歌的源頭發展成抒情型的文學，如中國各式各樣的詩歌 —— 樂府詩、五言詩、七言詩、宋詞、散曲等文體。文字產生以後，中國文學才脫離了傳說時期。甲骨文字和部分青銅器上的銘文，是現在所知最古老的文字。甲骨文代表著商代晚期的文字，已經發展為相當成熟的文字系統。

甲骨卜辭的文句簡樸，形式單一，僅有少量的記事文字。商代中期的青銅器銘文也只有兩三字，直到商代晚期，銘文仍很簡單。然而甲骨文和金文的產生，卻有著重大的歷史文化意義，它為口耳相傳的文學發展成書面文學提供了條件，標示著中國書面文學的來臨。

中國最初的詩歌是和音樂、舞蹈結合在一起的，詩、樂、舞三者緊密結合，是中國詩歌發生時期的一個重要特徵。〈毛詩序〉提到：

> 詩者，志之所之[4]也。在心為志，發言為詩。情動於

---

3 神話是原始人類對世界的認識和解釋所產生的各種口頭傳說。
4 之：往也。

中而形於言，言之不足，故嗟嘆[5]之；嗟嘆之不足，故永[6]歌之；永歌之不足，不知手之舞之、足之蹈之也。

詩歌和音樂、舞蹈相互結合的形式，在文字已經成熟並廣泛用於文獻紀錄以後，還存在了相當長的一段時期。如《詩經》中的作品都是樂歌，而其中的頌詩，是祭祀時用的歌舞曲。大約在春秋以後，詩歌從樂舞中逐步分化獨立出來，才逐漸向文學意義和節奏韻律方向發展。

現在可見的上古神話傳說，主要保存在《楚辭》、《山海經》、《淮南子》等古籍中。這些神話的內容有創世神話，如盤古開天闢地的故事；始祖神話，如女媧造人、補天的故事；洪水神話，如共工觸不周山、鯀禹父子治水的故事；戰爭與英雄神話，如黃帝戰蚩尤、後羿射日等故事。從這些神話故事中，展現出深重的憂患意識，我們能看到先民為了順利地生存和發展，必須切實地瞭解到現實的艱難，並作不懈的努力。例如在女媧、羿和禹的神話中，無不以相當

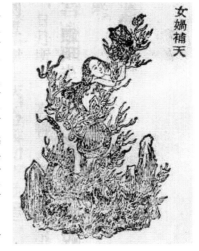

女媧補天

---

5 嗟，ㄐㄧㄝ。嗟嘆，嘆息呻吟。
6 永，同詠。

的份量，描繪了人類的惡劣處境，這些具有神性的主人公們，都能正視現實的災難，並通過鍥而不捨的辛勤勞作和奮鬥，戰勝自然災難。神話特別強調諸神不辭辛勞的奮鬥精神，反映了先民對現實的苦難有著深刻的體驗，這和希臘神話中奧林巴斯諸神的享樂情形，形成強烈的對比，也是我們後人當效法之精神。這些神話的人物與情節，以其鮮明的形象、豐富的想像力，對後世文學創作產生積極的影響，也成為傳統文學的寶貴遺產。今舉《淮南子·覽冥訓》所載的女媧神話介紹如下：

> 往古[7]之時，四極廢[8]，九州裂[9]。天不兼覆[10]，地不周載[11]。火爁焱[12]而不滅，水浩洋[13]而不息，猛獸食顓[14]民，鷙鳥攫[15]老弱。於是女媧[16]煉五色石以補蒼天，斷鼇[17]足以立四極，殺黑龍以濟[18]冀州，積蘆灰

7　遠古。
8　四極：指傳說中支撐天體的四根立柱。極，邊，端。廢：毀壞，此指折斷。
9　九州：古時中國劃分的九個地區，此指中國的大地。
10　天不兼覆：是指天體塌落而不能全面覆蓋大地。
11　地不周載：此指大地崩裂溢水而不能周全地承載萬物。
12　爁（ㄌㄢˋ）焱（一ㄢˋ）：大火綿延燃燒的樣子。
13　浩洋：水廣大盛多的樣子。
14　顓（ㄓㄨㄢ）：純樸厚實。
15　鷙（ㄓˋ）鳥：兇猛的鳥。攫（ㄐㄩㄝˊ）：抓取。
16　女媧（ㄨㄚ），女神名，據說是中國化育萬民的神，有摶（ㄊㄨㄢˊ）黃土做人的故事流傳。
　　本篇講述的是女媧補天止水、拯救人類的又一奇跡。
17　鼇（ㄠˊ）：海裡的巨龜。
18　濟：救助。

以止淫水。蒼天補，四極正，淫水涸，冀州平，狡蟲[19]死，顓民生。

水神共工和火神祝融不知為了何事而打起來，結果打輸的水神共工，一怒之下，就一頭撞向天柱不周山，不周山崩裂了，半邊天空坍塌下來，天上出現了大窟窿，而地面也裂出一道道的深坑，山林中燃起了大火，地底噴出了洪水，猛獸飛禽四處竄逃攫食人類，人類無處閃避，哀鴻遍野，完全是一幅末日的景象。女媧看到自己一手創造出來的人類正遭受苦難，十分心痛，於是她去撿來各種顏色的石頭，升起火爐，將這些石頭煉成糊狀的液體，仔細地將天空的窟窿補好之後，女媧又到大海裡抓來一隻大龜，砍下牠的四隻腳，放在大地的四個角落，這樣地上的基礎就穩固了。女媧還擒殺了殘害人民的黑龍，並且收集了大量蘆草，把它們燒成灰，埋塞向四處鋪開的洪流。最後，女媧把蒼天修補好了，大地填平了，洪水也止住了，龍蛇猛獸斂跡了，人民又可以過著安樂的生活。但因為天與地都經過修補，所以西北的天空還是有點傾斜，使得日月星辰都往那裡跑，而東南的大地還留有深坑，使得所有的河川都往那裡流。

客家的「天穿日」，就是為了紀念「女媧」煉石補天，而流傳下來的一項重要節慶習俗。在元宵節後五天的農曆

---

19 狡蟲：前面所說的猛獸、鷙鳥。

正月 20 日，客家人為感念女媧補天救人，因此到了這一天，男子不能到田裡耕作，免得因鋤地而使大地漏水；女子也不能拿針線織布，因為怕穿針引線，會戮破了女媧好不容易才補好的天；婦女還要用過年準備的甜粄，以油煎熟，在上面插上針線，稱做補天穿。並且還會舉辦客家歌曲比賽、拜女媧娘娘、蒸年糕、吃天穿粄等系列活動。從民國 100 年開始，行政院客家委員會，正式宣佈將具有客家獨特性的「天穿日」，訂為「全國客家日」。

《作　業》

1.**翻譯**：「詩者志之所之也，在心為志，發言為詩。情動
於中而形於言，言之不足，故嗟嘆之；嗟嘆之不足，故
詠歌之；詠歌之不足，不知手之舞之，足之蹈之也。」

2.**翻譯**：「往古之時，四極廢，九州裂。天不兼覆，地不
周載，火爁炎而不滅，水浩洋而不息，猛獸食顓民，鷙
鳥攫老弱。於是女媧煉五色石以補蒼天，斷鰲足以立四
極，殺黑龍以濟冀州，積蘆灰以止淫水。蒼天補，四極
正，淫水涸，冀州平。狡蟲死，顓民生。」

【延伸閱讀】請查出“女媧造人”的神話故事。

二、先秦文學之《詩經》選介

《詩經》簡介

　　早在文字產生以前，就有原始歌謠在口頭流傳。甲骨卜辭和《周易》卦爻辭中的韻語，是有文字記載的古代詩歌的萌芽。而《詩經》則是中國古代詩歌的開山之作，是第一部詩歌總集，在創作的時間上，涵蓋了西周初期到春秋中葉約五百年間的作品；在創作的地域空間上，則大約相當於如今陝西、山西、河南、河北、山東的黃河流域以及漢水流域的湖北北部一帶；至於作者則包括了從貴族到平民的社會各個階層人士，而絕大部分已不可考了。全書蒐羅的時代如此之長、地域如此之廣、作者如此複雜，顯然是經過有目的的蒐集整理才成書的，於是關於《詩經》的成書，才有「獻詩」、「採詩」、「刪詩」等說法，這些作品經過「採」或「獻」的手續，被政府的文化機構加以蒐集，從事有計劃的整理、刪訂或修改之後，便成為今天我們所看到的 305 篇作品。

　　《詩經》305 篇作品，全都是可以合樂歌唱的樂歌，這些詩篇其實就是歌詞。由於這些樂歌的樂調各有不同，

所以結集後以風、雅、頌作爲分類，只是由於古樂失傳，後人已無法瞭解風、雅、頌各自在音樂上的特色了。那麼，風、雅、頌又是什麼意思呢？《詩經》中的「風」，又稱「國風」，是指當時各諸侯國地方的樂曲，猶如我們今天所說的俗曲，即各地的土樂小調。《詩經》中收有十五國「風」，十五國包括周南、召南、邶風、鄘風、衛風、王風、鄭風、齊風、魏風、唐風、秦風、陳風、檜風、曹風、豳風，共收 160 篇作品，絕大部分是這些地區的民歌；雅，共 105 篇作品，爲貴族階級的詩歌，分小雅和大雅，小雅以宴饗樂歌爲主，大雅以朝會樂歌爲主；頌，是古代祭神明和祖先時用的樂歌，分爲周頌、魯頌、商頌三部分，共40 篇，大都是由當時朝中的史官或巫祝所創作。

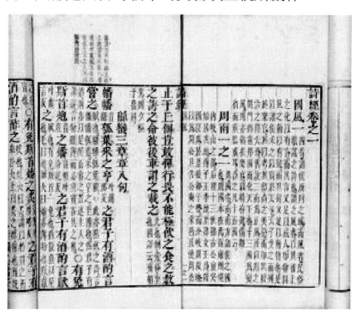

　　《詩經》最明顯的語言特色是以四言爲主的句式，這和後代五字一句、七字一句的五、七言詩是迥然不同的。其句式結構則多作上二下二，如「關關--睢鳩」、「蒹葭--蒼蒼」等等，爲了使這樣的句式結構避免變得莊重而不活潑，又加上了虛字、重言、雙聲、疊韻的配合運用，使《詩經》令人一方面覺得典雅，一方面又不失之凝滯。《詩經》中常運用「兮」、「之」、「乎」、「焉」、「矣」、「哉」等虛字，這些語氣詞，不但表達了各種不同的情意，同時也增加了詩歌的韻律感。重言疊字，指重複兩個相同的單音節，例如「關關」、「夭夭」、「依依」等，這些重言疊字，有的寫形貌，有的擬聲音，它們使很多篇章變得更有「聲」有「色」。雙聲詞，是指兩個字的聲母相同，如「參差荇菜」的「參差」，「蒹葭蒼蒼」的「蒹葭」。疊韻詞，是指兩個字的韻母相同，如「窈窕淑女」的「窈窕」，「婆娑其下」的「婆娑」。這些諧聲或諧韻的詞語，讀起來順口，聽起來悅耳，吟唱起來合拍入調，有迴環往復之美，令人回味無窮，可以說是《詩經》中非常具有特色的語言現象。

　　《詩經》可說是一軸巨幅畫卷，這三百多首詩構成了一幅生動的古代社會的圖畫；其中有社會狀況的描寫，有開疆拓土及種族戰爭的記載，宗廟祭祀及宴會的儀制，有農耕畜牧各種生活的反映，也有自由大膽的愛情歌唱。無論是老幼的歡聚、村夫的胼胝、征人的思鄉、棄婦的悲吟、隱士的詠懷、孝子的哀思，或是綺麗的兒女私情、壯偉的

長征歌頌、尖銳的苛政諷刺、善良的仁風禮讓，以及貴族
們的豪華酬酢、宗廟裡的隆盛祭祀等等人類社會喜怒哀
樂、悲歡離合的情景，經過吟詠鋪敍而形諸文字之後，便
都一一成為詩篇了。所以當時的政治、經濟、軍事、文化
以及世態人情、民俗風習等等，都揭露於其中，因此，《詩
經》不僅是中國古代最珍貴的文學遺產，同時也是中國古
代歷史的寶庫。今試舉愛情戀歌、戰爭與徭役詩、政治諷
刺詩等類作品簡介如下。

愛情戀歌、戰爭與徭役詩、政治諷刺詩選介

　　自古以來情詩總是最能撼動人心、扣人心弦的，《詩
經》中也有不少男女自由大膽的愛情歌唱，這些詩音節和
諧、詞句委婉、感情真摯，其中有不少詩句還流傳至今且
融入生活語言之中。如〈王風·采葛〉：「彼采葛兮，一
日不見，如三月兮！彼采蕭兮，一日不見，如三秋[1]兮！彼
采艾兮，一日不見，如三歲兮！」，又如〈衛風·木瓜〉：
「投我以木瓜[2]，報之以瓊琚[3]。匪[4]報也，永以為好也。投
我以木桃，報之以瓊瑤。匪報也，永以為好也。投我以木
李，報之以瓊玖。匪報也，永以為好也。」而〈鄭風·狡

---

1 三個季節，相當於九個月。
2 一種落葉灌木，果實長橢圓形，色黃而香，蒸煮或蜜漬後供食用。和台灣所產
　的木瓜並非一物。
3 瓊琚、瓊瑤、瓊玖都泛指佩玉。
4 匪：非也，不是的意思。

童〉：「彼狡童[5]兮，不與我言兮。維[6]子之故，使我不能餐兮。彼狡童兮，不與我食兮。維子之故，使我不能息[7]兮。」更是以寥寥數語，就把女子因和戀人鬧彆扭時，寢食難安的情形鮮明地描繪出來。此外，〈鄭風・將仲子〉透過女子從內心深處所發出的獨白，寫出少女一方面想念情人，希望見到他，一方面又感到「人言可畏」，怕受到父兄的責罵，經過幾番思量，希望他的情人不要莽撞地跳牆攀附而來，以免引起父兄、里人的注意，反而把事情弄糟了：

> 將仲子[8]兮，無踰[9]我里[10]，無折我樹杞[11]。豈敢愛[12]之？畏我父母。仲可懷[13]也，父母之言，亦可畏也。
>
> 將仲子兮，無踰我牆，無折我樹桑。豈敢愛之？畏我諸兄。仲可懷也，諸兄之言，亦可畏也。
>
> 將仲子兮，無踰我園，無折我樹檀[14]。豈敢愛之？畏人之多言。仲可懷也，人之多言，亦可畏也。

---

5 即姣童，俊美的少年。
6 維：因爲。
7 安也。
8 將（ㄑㄧㄤ）：請。仲子：男子的字，仲，排行第二。
9 翻越。
10 里：古代五家爲鄰，五鄰爲里。里外有牆。這裡是指越過里牆。
11 無：同勿，不要。折：攀折。樹杞：就是杞柳。踰牆就不免攀緣牆邊的樹，樹枝攀摺了留下痕跡，男子翻牆的事也就瞞不了人，所以才叫心上人不要如此。
12 捨不得。
13 思念。
14 檀木。

　　《詩經》中有關戰爭、徭役的作品很多，周王朝和外族之間的爭戰，或者各諸侯國之間，為了爭奪土地、物產而發生的戰爭，都會影響到人民，造成痛苦不安。如〈邶風・擊鼓〉開頭的兩章，先寫征夫「踴躍用兵」，有的去修城建都，有的從軍向南而不得歸家。然後在第四章如此描述他對妻子的懷念：

　　　　死生契闊[15]，與子成說[16]。執子之手，與子偕老。于嗟闊兮[17]，不我活兮。于嗟洵兮[18]，不我信[19]兮。

　　恩愛的夫妻卻因戰爭而必須面對著生離死別的痛苦，恐怕連白首到老的誓言也無法做到了，讓人深切地感受到戰爭殘酷的一面。此外，〈王風・揚之水〉中先借激揚的流水，流不去成束的薪材做開頭，來抒寫征夫遠戍的痛苦，然後在三章末句說：「懷哉懷哉！曷[20]月予還歸哉？」意思是：「懷念呀，懷念呀，到哪月我才能回家呀？」直接寫出懷鄉思親的苦悶。若是僥倖能從戰爭中倖存還鄉，面對物換星移、人事已非，心中又豈能沒有感傷？且看〈小雅・采薇〉中詩人的吶喊：

15　契是合；闊是離，猶言「聚散」。
16　子，指從軍者的妻子；成說，訂約，指臨別時的誓言。
17　于，同吁，「吁嗟」，是感歎詞。闊，遠。
18　洵：久遠。
19　信：信用。指不能實現「偕老」的誓言。
20　曷同何。

　　昔我往矣，楊柳依依[21]，今我來思[22]，雨雪霏霏[23]。
行道遲遲[24]，載[25]渴載飢，我心傷悲、莫知我哀。

　　不平則鳴是人類的天性，《詩經》中有許多反映百姓
受到剝削、壓迫的不滿情緒，如〈魏風・伐檀〉，就是寫
出在河邊伐木的百姓，對那些不勞而獲的「君子」，理直
氣壯地質疑：「不稼不穡[26]，胡[27]取禾[28]三百廛[29]兮？不狩
不獵，胡瞻爾庭有縣[30]貆[31]兮？彼君子兮，不素餐兮！」又
如〈魏風・碩鼠〉

　　碩鼠碩鼠，無食我黍！三歲貫女[32]，莫我肯顧[33]。逝
將去女[34]，適彼樂土。樂土樂土，爰[35]得我所！碩鼠

---

21 依依：楊柳迎風飄搖擺動貌。
22 思：語末助詞，無義。
23 雨：落下。霏霏（ㄈㄟㄈㄟ）：大雪紛飛貌。
24 遲遲：可能 1.受傷不良於行；2.近鄉情怯（擔心家人家中是否安好）；3.又累又餓無法快行。
25 載：又。
26 不稼不穡（ㄙㄜˋ）：不耕種、不收割，稼是耕種的意思，穡是收割的意思。
27 為什麼。
28 穀物。
29 廛（ㄔㄢˊ）：同纏，是「束」的意思。
30 同懸，掛著的意思。
31 同貆，音ㄏㄨㄢ，貂科動物。
32 三歲是形容時間很久；貫，侍奉，女同汝。
33 莫我肯顧是莫肯顧我的倒裝句，一點也不肯照顧我們。
34 逝，同「誓」，表示堅決之意。去女，猶言離開你。
35 乃、才的意思。

碩鼠，無食我麥！三歲貫女，莫我肯德[36]。逝將去女，適彼樂國。樂國樂國，爰得我直[37]！碩鼠碩鼠，無食我苗！三歲貫女，莫我肯勞[38]。逝將去女，適彼樂郊。樂郊樂郊，誰之永號[39]？

這是一首用象徵手法來表現農民對統治者沉重剝削控訴的諷刺詩，詩人將統治者比喻成了貪婪害人的大老鼠，指出他們受到農民的供養，卻貪得無厭。而農民年年為剝削者工作，也得不到他們絲毫的恩惠，只好幻想要遠尋「樂土」，另覓生路。所謂的「樂土」（沒有剝削的社會），在那時代當然也只是空想罷了。農民發出這樣的詛咒，正反襯出現實生活的無奈，可見剝削已殘酷到使農民活不下去的程度了。

---

36 恩惠。
37 同「值」，價值，即所勞與所得相稱。
38 慰勞。
39 長嘆。

《作　業》

1. **翻譯**：「彼采葛兮，一日不見，如三月兮！彼采蕭兮，一日不見，如三秋兮！彼采艾兮，一日不見，如三歲兮！」

2. **翻譯**：「投我以木瓜，報之以瓊琚。匪報也，永以為好也。投我以木桃，報之以瓊瑤。匪報也，永以為好也。投我以木李，報之以瓊玖。匪報也，永以為好也。」

3. **翻譯**：「彼狡童兮，不與我言兮。維子之故，使我不能餐兮。彼狡童兮，不與我食兮。維子之故，使我不能息兮。」

4.**翻譯**：「將仲子兮，無踰我里，無折我樹杞。豈敢愛之？畏我父母。仲可懷也，父母之言，亦可畏也。

將仲子兮，無踰我牆，無折我樹桑。豈敢愛之？畏我諸兄。仲可懷也，諸兄之言，亦可畏也。

將仲子兮，無踰我園，無折我樹檀。豈敢愛之？畏人之多言。仲可懷也，人之多言，亦可畏也。」

5.**翻譯**：「死生契闊，與子成說。執子之手，與子偕老。于嗟闊兮，不我活兮。于嗟洵兮，不我信兮。」

6.**翻譯**：「昔我往矣，楊柳依依，今我來思，雨雪霏霏。行道遲遲，載渴載飢，我心傷悲，莫知我哀。」

7.**翻譯**：「不稼不穡，胡取禾三百廛兮？不狩不獵，胡瞻
　　爾庭有縣貆兮？彼君子兮，不素餐兮！」

8.**翻譯**：「碩鼠碩鼠，無食我黍！三歲貫女，莫我肯顧。
　　逝將去女，適彼樂土。樂土樂土，爰得我所！碩鼠碩鼠，
　　無食我麥！三歲貫女，莫我肯德。逝將去女，適彼樂國。
　　樂國樂國，爰得我直！碩鼠碩鼠，無食我苗！三歲貫女，
　　莫我肯勞。逝將去女，適彼樂郊。樂郊樂郊，誰之永號？」

三、先秦文學之《楚辭》選介

《楚辭》簡介

　　《楚辭》一詞，是指產生於戰國時代楚國的一種新興詩體，也用來指以屈原爲主的一些《楚辭》作家的作品。《詩經》是產生在春秋時代，大體流行於黃河流域一帶的北方文學的源頭，而《楚辭》則是產生於戰國末葉至西漢初期，流行於長江流域一帶的南方文學的源頭，後世的文學發展，都深受這兩種文學的影響。《楚辭》是屈原結合了楚地特有楚語、楚聲的特色，用楚人特有的辭令技巧，適應時代的需要所創作的詩歌作品。這些作品，以〈離騷〉爲主，也最爲後人所注目，後人競相模仿，逐漸定型，成爲一種新的詩歌體例。西漢末年，劉向裒集屈原〈離騷〉、〈九歌〉、〈天問〉、〈九章〉、〈遠遊〉、〈卜居〉、〈漁父〉，宋玉〈九辯〉、〈招魂〉，景差〈大招〉，以及賈誼〈惜誓〉，淮南小山〈招隱士〉，東方朔〈七諫〉，嚴忌〈哀時命〉，王褒〈九懷〉，再加上劉向自己所作的〈九嘆〉，共爲 16 卷，是《楚辭》最早的結集成書。但劉向所編的書，現在已經失傳，今日所見以東漢王逸所編的

《楚辭章句》為最早，在《楚辭》各篇著作中以屈原和宋玉的作品最受到後人的注目。《楚辭》作品或者效仿楚辭的體例有時也被稱為「楚辭體」或「騷體」。「騷」，是因其中屈原的作品〈離騷〉而得名，與因十五〈國風〉而稱為「風」的《詩經》相對，分別為中國浪漫主義與現實主義的鼻祖。後人也常以「風騷」代指詩歌，或以「騷人」稱呼詩人。

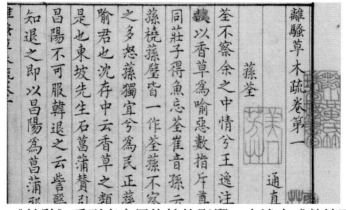

　　《楚辭》受到南方民族性的影響，表達方式熱情而浪漫，內容充滿宗教色彩。藉由對神話和傳說的描寫，表達豐富的思想情感，更能呈現精彩細膩的藝術技巧，所以風格華美浪漫、感情激越奔放，內容多寫神話、個人情志與想像；又因為運用楚國音調，採用楚國方言，描寫楚國的特殊名物，所以富有南方民歌的風格。楚辭的特點是擅於鋪陳抒情，富於浪漫想像，因而篇幅較長，句子也長短不一，以五、六、七言句較多。和《詩經》比較起來，《楚辭》章句較少重複，而且多用直接陳敘的寫法。內容中又

用了許多楚地的方言，如虛字句首「羌」、「蹇」；句中或句末多用「兮」來舒緩語氣，使文章顯得活潑而生動；所提到楚地的香草也不計其數，都是楚地特有的，並常以「亂」來作爲收結。

　　《楚辭》的句式開始採用「三字節奏」作爲它的基本單位，不同於《詩經》的「四言」是以二字節奏爲基礎的形式，例如〈離騷〉開頭的「帝高陽之苗裔兮[1]，朕皇考曰伯庸[2]，攝提貞於孟陬兮[3]，惟庚寅吾以降[4]」，正是「三」「三」「兮」「三」「三」的句式。當然《楚辭》裡並非不用二字的句式，而是「三字節奏」已經抬頭，並且居於主導的地位。「三字節奏」的出現，使得文學語言在節奏上的變化更爲多彩多樣。這是因爲「三字節奏」可以包括二字節奏，同時又打破二字節奏的四平八穩的風格而富於變化，使文章顯得活潑而生動，而且又爲新的格式五、七言詩，提供發展的基礎。

屈原及其作品選介

　　屈原的生卒年月，學術界並沒有一致的考證。其一生活動的時間，約相當於戰國中晚期，與楚懷王、楚頃襄王

1　高陽，古帝顓（ㄓㄨㄢ）頊（ㄒㄩˋ）的稱號。苗裔，後代子孫。屈原說自己是古帝王高陽氏的後代子孫。

2　朕，我。皇考，對死去父親的美稱。伯庸，屈原父親的字。

3　攝提，寅年的別名。貞，當。孟陬（ㄗㄡ），正月，夏曆的正月是寅月。此句是說寅年寅月。

4　寅日那天我降生了。惟，語助詞。庚寅，紀日的干支。降，誕生。

同時。屈原，名平，是和楚王同姓的貴族；祖先封於屈，遂以屈爲氏。屈原有深厚的文化教養，想像力豐富，從小就很聰明，又善於口才，《史記》說他「博聞彊志，明於治亂，嫻於辭令」，也因爲他的聰明及過人的才華，很早就在朝廷任職，大約二十多歲時就擔任「左徒」一職，其地位僅次於楚國的最高行政長官。但因爲鋒芒太露而遭受同僚的非議、嫉妒與批評，終究使他不得展露才華，而被同伴誤解攻擊，楚懷王也漸漸與他疏遠，最後走上被放逐之路。

當時楚國內部有保守派與改革派的鬥爭，表現在外交上的是親秦與親齊的抗爭。親秦派以懷王稚子子蘭等楚國貴族集團爲主；而屈原是親齊的代表。楚懷王昏庸怯懦，被群小所包圍，終於走上親秦的道路。先是秦使張儀入楚，以財物賄賂佞臣靳尙和懷王寵妃鄭袖等人，用欺騙的手段破壞了楚、齊的聯盟。當懷王發現上當後，大舉發兵攻秦，可是在丹陽、藍田戰役相繼失敗，並且喪失了關中之地。這時屈原奉命使齊修復盟約，但似乎沒有結果。後來因爲楚國外交上的失當，連續遭到秦、齊、韓、魏的圍攻，因而陷入困境。大

約在楚懷王 25 年左右，屈原被放逐到漢北一帶，這是他第一次被流放，也就是所謂的「漢北放逐」。屈原在流放以前的作品，主要是〈橘頌〉和〈九歌〉。楚頃襄王即位後，以其弟子蘭為令尹（相當於宰相），更不聽從屈原聯齊抗秦的勸告，對秦完全採取妥協投降的政策，楚齊邦交一度斷絕。頃襄王繼位的第七年，但求一時的苟安，竟然不顧其父懷王被秦國拘禁致死的仇恨，反而與秦聯姻。因為屈原反對他們，並指斥子蘭與懷王的屈辱而死有責任；子蘭又指使上官大夫在頃襄王面前造謠詆毀屈原，頃襄王怒而遷屈原於江南沅湘一帶，時間大約在頃襄王 13 年左右，這就是第二次流放，稱之為「江南放逐」。屈原在長期流放中憂心國事，他的許多悲憤的詩篇，都是創作於流放期間，屈原流放以後的作品有：〈離騷〉、〈思美人〉、〈天問〉、〈招魂〉、〈哀郢〉、〈涉江〉、〈懷沙〉等。西元前 278 年，即楚頃襄王 21 年，秦將白起率軍攻下郢都（今湖北江陵），楚國滅亡在即。這時屈原因不忍見到郢都的毀滅及人民的悲慘，於是慨然躍入湖南的汨羅江自盡！

　　屈原在他的創作中不僅抒發憂鬱的感情，並且揭露群小的苟且偷安、不顧國家安危的醜態，他並非害怕自身的危難，而是擔憂國君、國家遭遇禍害，他在〈離騷〉中說道：

惟夫黨人之偷樂兮[5]，路幽昧以險隘[6]。豈余身之憚
殃[7]兮，恐皇輿之敗績[8]。

　　所以屈原在那種環境之下，孤軍奮鬥為國家效勞。他
不計個人的利害，只想到國家的前途、國君的安危，這又
是何等的心志啊！這是他自己心甘情願，沒有人逼迫他
的，所以他說「亦余心之所善兮，雖九死其猶未悔。」可
見其心向祖國，矢志效忠國家，並非貪圖得到什麼報酬，
縱使粉身碎骨也不後悔。但面對著「舉世皆濁我獨清，眾
人皆醉我獨醒！」的黑暗世道，再加上痛心懷王、頃襄王
不能分辨是非，讓諂媚的讒言蒙蔽了心中的智慧，讓邪惡
的事情傷害了公義之士，正直的人反而不被朝廷所容，正
如他在〈卜居〉中所說的：

世溷濁[9]而不清：蟬翼為重，千鈞[10]為輕；黃鐘[11]毀
棄，瓦釜雷鳴；讒人高張[12]，賢士無名！吁嗟默默
兮，誰知吾之廉貞[13]？

────────────

5　惟夫，語助詞。黨人，指包圍在楚王周圍的小人。偷樂，苟且偷生。
6　幽昧，昏暗不明。險隘（ㄞˋ），危險狹窄。
7　憚（ㄅㄢˋ）殃：害怕禍害。
8　擔憂國家遭受禍難。皇輿，君王的車子，此處代表楚國。敗績，翻車。
9　溷（ㄏㄨㄣˋ）濁：混亂汙濁。
10　古度量衡單位，三十斤為鈞。
11　古樂器，器大聲宏。
12　地位尊榮，氣焰囂張。
13　方正忠貞。

這樣的政局，致使國家走向滅亡之途，所最後他也只能嘆息地說：「算了吧，我想沒有人能夠瞭解的，我不必再留戀人間，既然不能在政治上一展抱負，我只好了結我的一生」，就自沉以身殉國了：

> 已矣哉！國無人莫我知兮，又何懷乎故都。既莫足與為美政兮，吾將從彭咸[14]之所居。

舉世皆濁我獨清
眾人皆醉我獨醒

屈原詩聯

　　屈原雖然自沉殉國，但他偉大的人格，崇高的愛國精神，感動了後來一些有正義感的文學家。司馬遷在寫〈屈原賈生列傳〉時，也深深地受屈原偉大人格的精神感召，而低迴詠歎地說：

> 余讀離騷、天問、招魂、哀郢，悲其志。適長沙，觀屈原所自沉淵，未嘗不垂涕想見其為人[15]。

　　就以現在每年五月五日的端午節，民間包粽子來紀念他的這件事來說，在歷史上沒有一個人能夠比得上的。家家戶戶、男女老少，幾乎是無人不知、無人不曉，憑這一點就足以說明屈原留給後人無限的懷念與景仰。

---

14 相傳彭咸是商朝的官，因勸諫國君不被採納而投河自盡。
15 通常是指向幾乎見不到的逝者，表現一種崇敬、神往、景仰的心思。

《作　業》

1.**翻譯**：惟夫黨人之偷樂兮，路幽昧以險隘。豈余身之憚
殃兮，恐皇輿之敗績。

2.**翻譯**：世溷濁而不清：蟬翼為重，千鈞為輕；黃鐘毀棄，
瓦釜雷鳴；讒人高張，賢士無名！吁嗟默默兮，誰知吾
之廉貞？

3.**翻譯**：已矣哉！國無人莫我知兮，又何懷乎故都。既莫足與為美政兮，吾將從彭咸之所居。

4.**翻譯**：余讀離騷、天問、招魂、哀郢，悲其志。適長沙，觀屈原所自沉淵，未嘗不垂涕想見其為人。

四、先秦文學之史傳散文選介

史傳散文簡介

　　從殷商到戰國時期，散文由萌芽而至成熟。散文是文字出現以後，最實用的一種文學形式，春秋戰國時代是散文發展的黃金時期。甲骨卜辭和殷商銅器銘文是中國最早的記事文字，從文學史的意義來看，作爲中國最早書面記載的甲骨卜辭，也可看成是中國散文的雛形。以甲骨卜辭爲例，殷人用龜甲、獸骨占卜，占卜後把占卜日期、占卜人、所占之事，有的還包括日後吉凶應驗情況，刻在甲骨之卜兆旁，此即甲骨卜辭。它既是巫師占卜的產物，也是巫師收存的文件，其意義相當於後世的國家檔案館收藏的檔案。到了周代，巫的作用逐漸退化，於是才有了專門掌握文獻典籍和記錄統治者言論及國家重大事件的史官。中國古代史官文化十分發達，記載歷史事件的敘事散文在散文史上首先成立。《尚書》和《春秋》提供了記言記事文的不同體例。《左傳》、《國語》、《戰國策》等歷史散文的出現，標誌著敘事文的成熟，開啓了中國敘事文學的傳統。

　　先秦歷史散文中，《尙書》包括《虞書》、《夏書》、《商書》、《周書》四部分，是商周記言史料的彙編。除了假託的部份外，完全是史官所保存的檔案匯編；《春秋》記載了自魯隱西元年至魯哀公十四年（西元前 722－西元前 481）的歷史，對這一時期的史事作了簡潔的大綱式敘述，相傳經過孔子的刪定，但仍然保持著史官記錄的體式。《春秋》只是一部簡單的以年紀事的歷史綱要，後來出現以《春秋》爲綱的「三傳」──《左傳》、《公羊傳》、《穀梁傳》等春秋三傳。春秋三傳中以《左傳》敘事的內容最爲豐富，它增加了大量的歷史事實和傳說，敘述了豐富多彩的歷史事件，描寫了形形色色的歷史人物，把《春秋》中的簡短記事，發展成爲完整的敘事散文。戰國初年形成的《國語》也利用了大量的史官記錄，但已經不是嚴格的官方著作了！隨著社會變革的深入發展，簡單的以年記事的記錄方式，漸漸不能滿足政治、外交活動的需要。接著就出現以國別作單位的總結政治經驗的《國語》，以及記載政治外交經驗的《戰國策》。戰國末年到秦漢之際形成的《戰國策》，它的主要來源是策士的私人著作。整體而言，先秦歷史著作是官方色彩逐漸減弱，愈是後期愈接近民間的著作，它的文學成份愈是顯著；相對的，它的史學嚴格性也就跟著削弱。

《左傳》選介

　　《左傳》是以《春秋》爲綱，擴展而成的歷史著作，

是一部按年月紀錄的編年體歷史文學巨著，它在敘事和描寫戰爭方面最爲突出。西漢人稱它爲《左氏春秋》，司馬遷在史記中就是這樣稱它。東漢人以爲《左傳》是爲了傳（闡釋）《春秋》而編寫的，所以改稱它爲《春秋左氏傳》，後世簡稱爲《左傳》。司馬遷和班固都認爲作者是左丘明，但後人對此有不同的意見。至於它從魯隱公元年（西元前722）寫起，一直到魯悼公四年（西元前 464 年），則比《春秋》多出十七年。

《春秋》只是最簡括的歷史大事記，而《左傳》則詳細的記載它的本末和有關的軼事瑣聞。例如，隱公元年《春秋》書「鄭伯克段於鄢」只用了六個字，《左傳》的敘述則是非常委曲詳盡。關於「鄭伯克段於鄢」的前因後果，在《左傳》的生花妙筆之下都完整地呈現出來了。故事先從當初鄭武公娶了申國國君的女兒武姜爲妻，生下了莊公和共叔段說起。莊公誕生時腳先出母親的產門，使姜氏因難產而受了驚嚇，所以取名叫「寤生」，武姜因此很討厭莊公，而喜歡弟弟共叔段，想立他爲太子。於是多次向鄭武公請求，武公都沒有答應。等到莊公繼位成爲鄭國國君，武姜爲共叔段請求

把制作為他的封邑。莊公說：「制是個險要的城邑，從前虢[1]叔就是死在那裡，如果要別的地方，我都答應。」武姜便為共叔段請求京邑這個地方。因為莊公已作了承諾，只好讓共叔段住在京邑，稱他為「京城大叔」。其後共叔段不斷地擴充勢力，大臣祭仲、子封、公子呂等也不斷地提醒莊公早作防範，莊公只說出「多行不義必自斃，子姑待之！」的話，看似未做準備，但當「大叔完聚[2]，繕甲兵[3]，具卒乘[4]，將襲鄭，夫人將啓之[5]」，「公聞其期[6]」才作出致命的一擊，一舉擊潰共叔段。而「子姑待之」、「公聞其期」則寫出莊公城府極深，其實早就準備好對付弟弟了。整篇故事中，我們看到一個執拗、偏執、不理智的婦人；一個因從小受寵而驕縱跋扈的么兒；一個忍辱負重、沉著應變，城府極深的年輕國君；還有一群憂心忡忡、憤恨難平的臣子。事後《左傳》還記錄了莊公「黃泉見母」的故事，所以《左傳》不僅僅只是解釋《春秋》的史實，不但記事、記言生動活潑、故事中的人物描寫栩栩如生，且富於故事性、戲劇性，兼有緊張動人的情節，在文字表現技巧上頗為優異，稱之為一部文學佳作也不為過。

---

1 《ㄨㄛˊ。
2 完成部隊集結。
3 修繕好鎧甲兵器。
4 準備好步兵戰車。
5 武姜作為內應，要開啓城門迎接共叔段。
6 共叔段這次本來應該屬於極機密的偷襲行動，卻被莊公完全掌握，一則顯出共叔段的無能，二則顯出莊公已安插間諜針刺共叔段，才使這次政變變成自投羅網的笑話。

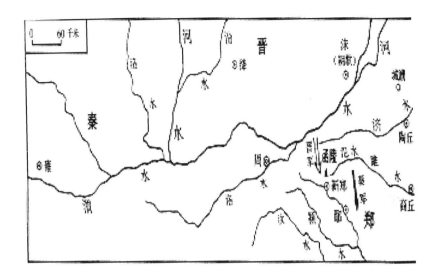

　　《左傳》在描寫戰爭的部分，都記述得首尾完整，生動有趣。不侷限於對交戰過程的記敘，而是深入揭示戰爭的起因、勝敗的原因及其後果。如僖公三十二年，晉文公死，秦乘機偷襲鄭國未成，秦軍回師途經晉國，被晉軍截擊於殽山地區，秦軍除戰死者之外，全數被俘獲，無一人得脫，是爲有名之「秦晉殽之戰」。這場戰役以僖公三十年「燭之武退秦師」爲遠因，秦晉聯合攻鄭，燭之武作爲鄭使出說秦穆公。他著重對秦、晉、鄭三國之間的利害關係作了具體的分析，先把鄭國之存亡放在一邊：「鄭既知亡矣」，再敘述鄭亡並無利於秦：「亡鄭以陪鄰[7]，鄰之厚，君之薄也」，然後歸結到保存鄭國於秦有益無害：「若舍

---

7 陪，助益也。鄰，指晉國。言秦如滅鄭，終難擁有其地，勢必爲晉國所獨得。

鄭以爲東道主[8]，行李[9]之往來，共其乏困，君亦無所害」，最後還補敍昔日晉對秦之忘恩負義以加強說服力。說辭有意置鄭國利害於不顧，而處處爲秦國考慮，措詞雖委婉，但立論謹嚴而周密。因此能打動秦穆公之心，使他不但退兵，還留下秦將杞子等三人率軍助鄭守衛。晉人也只好放棄攻鄭而退兵，鄭國因而得以保全，充分顯示了燭之武說辭的分量，但也點出了秦晉兩國的利害衝突。其後蹇叔勸穆公放棄攻鄭，他指出出師不利之因：

> 勞師以襲遠，非所聞也。師勞力竭，遠主備之，無乃不可乎？師之所爲，鄭必知之。勤而無所，必有悖心[10]。且行千里，其誰不知？

但穆公利益薰心，不接受勸諫，才會有蹇叔哭師一事，而事情也正如蹇叔所預測的一樣，秦軍全軍覆沒。戰前，王孫滿觀秦師過周北門，也指出秦師必敗之因：

> 秦師輕而無禮必敗。輕則寡謀，無禮則脫[11]；入險而脫，又不能謀，能無敗乎？

8　東道之主人也。秦有事於其他諸侯，多向東行，如過鄭國境，鄭國必感今日不滅之恩而圖報，盡地主招待之情也。

9　亦作「行理」，指古代專司外交之官員，後世衍申作「行裝」解。

10　言士卒千里行軍，如果無功而返，必有失望背犯之心。

11　脫，粗心大意也，輕視也。此言於天子城門未盡心於應盡之禮儀，則其軍凡事必不按部就班，準備必不充分，陣前應敵，亦必疏於防範。

而喪師之後，《左傳》也寫出秦穆公能真心懺悔，而不遷過於人的一面，確實有霸主之風：

> 曰：「孤違蹇叔，以辱二三子，孤之罪也。」不替[12]孟明。曰：「孤之過也，大夫何罪？且吾不以一眚掩大德[13]！」

《左傳》有的敘事記言，明顯的不是歷史事實的真實記錄，而是出於臆測或虛構。如「僖公二十四年」記載的介子推母子間的對話，當時不可能有第三者在旁聽見或記錄，應該是作者根據傳聞和揣想虛擬而成。這種寫法，可以視為後代小說家為人物虛擬對話的萌芽。《左傳》中還記述了大量的占卜釋夢和神異傳聞，如「成公十年」記晉景公之死，情節曲折怪誕，用三個夢構成了互為關連的情節。寫晉侯所夢大厲鬼，令人毛骨悚然；桑田巫釋夢之語、小臣之夢的印證，更是充滿神秘色彩，彷彿志怪小說。這些都是《左傳》在歷史紀錄外，所展現的文學風貌。

---

12 替，廢也。此言回秦之後，穆公自承有罪，故未撤孟明職務也。
13 言小過不玷大功也。眚，ㄕㄥˇ，目疾之輕微者。

《作　業》

1.**翻譯**：勞師以襲遠，非所聞也。師勞力竭，遠主備之，
　無乃不可乎？師之所為，鄭必知之。勤而無所，必有悖
　心 。且行千里，其誰不知？

2.**翻譯**：秦師輕而無禮必敗。輕則寡謀，無禮則脫；入險
　而脫，又不能謀，能無敗乎？

3.**翻譯**：曰：「孤違蹇叔，以辱二三子，孤之罪也。」不替孟明。曰：「孤之過也，大夫何罪？且吾不以一眚掩大德！」

【延伸閱讀】

1.請查閱《左傳》鄭莊公"黃泉見母"（或"掘地見母"）的故事。

2.請查閱"秦晉之好"成語典故。

五、先秦文學之哲理散文選介

哲理散文簡介

　　從春秋中葉開始出現，到戰國時期呈現繁榮的諸子散文，是屬於討論政治、哲學、倫理等問題的思想性著作。因為它是在百家辯論爭鳴的風氣中發展起來的，所以愈是後期的著作，篇幅愈宏大，邏輯愈嚴密，使用的修辭手段也愈豐富。如果說歷史散文發展了文字的敘事能力，那麼諸子散文則顯著提高了人們運用文字表述自身思想感情的能力，這對後代包括文學散文在內的各種文章，當然具有重大意義。諸子散文本是哲理性強過文學性的論說文，但是文學與哲學的雙向滲透，使得中國古代的文學家也往往是思想家、政治家。文學上的現實主義往往和儒學聯繫在一起，浪漫主義則以道家思想作為它的哲學基礎，後來又滲入了佛學思想。所以諸子的思想，尤其是儒家、道家的思想，影響著一代又一代的知識份子，這也是中國文學史上所不能忽視的現象。

　　《尚書》中的記言文字，已經初具說理文的論說因素。中國古代說理文體制的逐步形成，跟百家爭鳴以及諸子散

文的出現和發展相一致。《論語》創立的語錄體，在《墨子》中得到發展，進而形成了《孟子》的對話式論辯文。《莊子》豐富的寓言和奇崛的想像，成為先秦說理文的瑰寶。《荀子》、《韓非子》中的專題論文，則標誌著中國古代說理文體制的完全成熟。先秦諸子散文的發展，大約可以分為三個階段：第一階段主要是《論語》和《墨子》。《論語》是純語錄體散文，它或是記錄孔子的隻言片語，或是記錄孔子與弟子及時人的對話，都比較短小簡約，作為敘事記言文字，比較成功，但與說理文顯然還有一段距離。語錄體並不是《論語》文學價值的主要方面，《論語》的文學色彩在於表現了孔子及其弟子的形象、性格以及深刻平實、含蓄雋永的語言。如耿直魯莽的子路、安貧樂道的顏回、聰明機智的子貢等。《論語》的文學性還體現在以形象的語言來表達深刻的道理，如「子曰：『歲寒，然後知松柏之後凋也[1]。』」（〈子罕篇〉）、「子曰：『飯疏食[2]，飲水，曲肱[3]而枕之，樂亦在其中矣。不義而富且貴，於我如浮雲！』」（〈述而篇〉）等等，形象簡約地表達了深刻的哲理，令人回味無窮。《論語》中充沛的情感和豐富的語氣詞，使其語言更為委婉。如「子曰：『賢

---

1 如「疾風知勁草」之意，只有面臨外在環境的挑戰，個人的節操才會真實呈現。君子處亂世仍不改其節操，就像松柏在冰天雪地中不會凋謝，是頗精妙的譬喻句。
2 飯，吃也，作動詞。疏食即粗糧。
3 肱，音ㄍㄨㄥ，胳膊。曲肱，即彎着胳膊。

哉，回也！一簞[4]食，一瓢[5]飲，在陋巷，人不堪其憂，回也不改其樂，賢哉，回也！』」（〈雍也篇〉）簡短幾句話，卻包含了真摯的情感，以及對顏回安貧樂道自在心境的讚賞。《墨子》是語錄體中夾雜著質樸的議論文，所記的已經不是片言隻字，而是首尾完整、邏輯性很強的長篇大論了！《墨子》和在它之前的《論語》，已經有了很大的不同。打個比喻，《論語》的記言體，如果是零散在盤中的璀璨明珠，那麼《墨子》就是到了把這些明珠串成項鍊的地步了，但是墨家重質輕文，《墨子》文章質樸無華，缺乏文采，不夠生動，從而使其論辯文雖然邏輯嚴謹，但是文學意味卻不濃。

第二階段是《孟子》和《莊子》。《孟子》基本上還是語錄體，但已顯著的發展成一種對話式的論辯文。長於論辯是《孟子》散文的特徵之一，在百家爭鳴的時代，要闡明自己的觀點，維護自己的立場，批評其他學派，就不得不進行論

莊周

辯。長於譬喻是《孟子》散文的另一特徵，《孟子》中的比喻，大多淺近簡短而又貼切深刻，如「民之歸仁也，猶

---

4 盛飯的圓形竹器。
5 剖成兩半用來盛水的瓠。

水之就下，獸之走壙[6]也。」（〈離婁上〉），以一個簡單的比喻，表現民眾歸仁的必然趨勢。氣勢浩然是《孟子》散文的又一重要風格特徵，這種風格，源自於孟子人格修養的力量。孟子曾說：「我善養吾浩然之氣」（〈公孫丑上〉），具有這種「浩然之氣」的人，「說大人，則藐之[7]。」（〈盡心下〉），寫起文章來，自然就情感激越，辭鋒犀利，氣勢磅礴。《莊子》已由對話體向論點集中的專題論文發展，除了少數幾篇文章外，《莊子》的文章幾乎完全突破了語錄體的形式，而發展為專題議論文。《莊子》一書的文學價值，不僅由於寓言數量多，全書彷彿是一部寓言故事集，且在於這些寓言表現出超常的想像力，構成了奇特的形象世界，《莊子》哲學思想博大精深，深奧玄妙，具有高深莫測、不可捉摸的神秘色彩，用概念和邏輯推理來直接表達，不如通過想像和虛構的形象世界來象徵暗示。因而，《莊子》的想像虛構，往往超越時空的侷限和物我的分別，恢詭譎怪，奇幻異常，變化萬千。例如寫到北溟之魚，化而為鵬，怒而飛，其翼若垂天之雲，水擊三千里，搏扶搖而上者九萬里。（〈逍遙遊〉）又如任公子垂釣，以五十頭牛為釣餌，蹲在會稽山上，投竿東海，期年釣得大魚，白浪如山，海水震盪，千里震驚，浙江以東，

6　ㄎㄨㄤˋ，原野，郊外空闊處。

7　說（ㄕㄨㄟˋ）大人：遊說大人物。原指向大人物遊說時，不能把他們的地位和權勢放在眼裡。後比喻敢於同權威名流爭鳴辯論的精神。藐（ㄇㄧㄠˇ），輕視。

蒼梧以北之人，都飽食此魚。（〈外物〉）都是運用奇幻
的想像，來寫出宏偉壯觀，驚心動魄的龐然巨物。而蝸角
之中，觸氏、蠻氏相與爭地，伏屍數萬，則寫出極小之物
的情狀（〈則陽〉）。而莊周夢蝶（〈養生主〉），人物
之間，物物之間，夢幻與現實之間，萬物齊同，毫無界限，
想像奇特恣縱，偉大豐富。所以《莊子》雖然是哲理散文，
和其他諸子說理文一樣，屬於議論文，只是它的說理不以
邏輯推理為主，而是表現出形象恢詭的辯論風格。

　　第三階段是《荀子》和《韓非子》。這個階段的先秦
散文，已發展到議論文的最高階段。《荀子》和《韓非子》
的篇幅，由短而長，風格由簡樸而繁複，論說則更為充分
嚴謹。《荀子》大量運用許多日常生活中常見的事物作譬
喻，深入淺出，生動巧妙地把抽象的道理具體化、形象化，
使深奧的理論淺顯易懂。如《勸學篇》幾乎都是引用譬喻
重疊構成，「青，取之於藍，而青於藍；冰，水為之，而
寒於水」、「干越夷貉[8]之子，生而同聲，長而異俗，教使
之然也」，以這些比喻來說明學習的重要。《韓非子》中
最具有文學意味的，是數量居先秦散文之首的寓言故事。
其中的許多寓言，流傳千百年而不衰，如「守株待兔」（〈五
蠹〉）、「矛與盾」（〈難一〉）、「濫竽充數」（〈內
儲說上〉），以及「鄭人買履」、「畫鬼最易」、「買櫝

---

8 指南方的邗、越和東夷、北貉。干，本作邗（ㄏㄢˊ），在今江蘇省江都。越，
　在今浙江省杭州一帶。夷，在今山東蘇北一帶。貉，音（ㄇㄛˋ）同「貊」，
　在今東北九省及朝鮮一帶。

還珠」（〈外儲說上〉）等等，都以其豐富的內涵，生動的故事，成為膾炙人口的成語典故，至今還為人們廣泛地運用。只不過，《韓非子》的寓言故事主要取材於歷史事跡和現實，很少擬人化的動物故事和神話幻想故事，沒有超越現實的虛幻境界和人物，和《莊子》中奇幻玄虛、怪誕神奇的寓言故事風格截然不同。此外，《呂氏春秋》、《晏子春秋》等書，於議論中帶有故事，這種虛構性甚強的寓言故事，可視為後世小說的先河！

《荀子·勸學篇》節選

　　荀孟同為戰國時期的大儒，然而孟子強調仁義，荀子則強調禮。講仁義注重的是內在道德心之探掘；講禮則注重外在規範的約束與薰習。「禮」是人和禽獸之區別，也是群體與個人規範之必需，所以荀子不獨著眼於個體的仁義孝悌，更強調整體的禮法綱紀。荀子認為人性本惡，所以強調「善者，偽也」，是後天人為所造成的，因此欲圖通過外在的控制、節制來改變自己內在的自然性，而著重客觀的人為改造，所以「學」特別重要，因此《荀子》以〈勸學〉為首篇。孟荀同講修身，同講「學」，然而孟子的「學」是「收放心」，把放逸於外物、迷戀於物慾的心，收回到善良心性本體；而荀子的「學」則從「木受繩則直⁹」

---

9 木材經過墨線量過才能刨直。

的外在規範，而日趨聖賢之路。《荀子‧勸學篇》中的比喻，無不是在強調學的重要，今選介於下：

> 吾嘗終日而思矣，不如須臾之所學也。吾嘗跂[10]而望矣，不如登高之博見也。登高而招，臂非加長也，而見者遠；順風而呼，聲非加疾[11]也，而聞者彰。假輿馬[12]者，非利足也，而致千里；假舟楫者，非能水也，而絕江河[13]。君子生非異[14]也，善假於物也。

《韓非子‧內儲說上》節選

　　韓非喜好刑名之學，「刑名」即「形名」，也就是名實。《韓非子》書裏常提到「循名責實[15]」、「綜覆名實[16]」，是說國君督課群臣，考核政績，必須要求他們言行相合，名實相符，運用它來責求官吏稱職。根據官吏的言與事，審核它是否合當，才能進一步品論功罪、確定賞罰。所以要能賞罰分明，則必須考核嚴實，方能汰除名不符實、魚目混珠等儌倖之輩，這也是韓非講這則故事的用意，一旦考核不實，則不免會有濫竽充數的人，跟著大家一起混吃

---

10 ㄑㄧˋ，踮腳、提起腳跟。
11 激揚。
12 憑藉車馬而行。假，音ㄐㄧㄚˇ，憑藉。輿，音ㄩˊ，車。
13 橫渡江河。絕，橫渡。
14 生來並非與人不同。
15 循：依照；責：要求。按著名稱或名義去尋找實際內容，使得名實相符。
16 綜合事物的名稱和實際，加以考核。

大鍋飯，如此一來不免打擊有真才實學者的士氣，造成組織團體的墮落：

齊宣王使人吹竽[17]，必三百人。南郭處士[18]請爲王吹竽。宣王悅之，廩食以數百人[19]。宣王死，湣王立。好一一聽之，處士逃。

孟子　　　　　　　　　　　荀子

17　一種樂器的名稱，很象現在的笙。
18　沒有官職的普通知識分子。
19　由官家供食養活吹竽的人，有上百個人。廩，ㄌㄧㄣˇ，本指糧食倉庫，這裡是指公家供給的糧食。

《作　業》

1.**翻譯**：子曰：「飯疏食，飲水，曲肱而枕之，樂亦在其中矣。不義而富且貴，於我如浮雲！」

2.**翻譯**：賢哉，回也！一簞食，一瓢飲，在陋巷，人不堪其憂，回也不改其樂，賢哉，回也！

3.**翻譯**：吾嘗終日而思矣，不如須臾之所學也。吾嘗跂而望矣，不如登高之博見也。登高而招，臂非加長也，而見者遠；順風而呼，聲非加疾也，而聞者彰。假輿馬者，非利足也，而致千里；假舟楫者，非能水也，而絕江河。君子生非異也，善假於物也。

4.**翻譯**：齊宣王使人吹竽，必三百人。南郭處士請爲王吹
　　竽。宣王悅之，廩食以數百人。宣王死，湣王立。好一
　　一聽之，處士逃。

【延伸閱讀】

1.請查出莊子和其好友惠施的故事。

2.請查閱莊子〈養生主〉一文，並深入理解“庖丁解牛”
　的寓意。

3.請查閱下列《韓非子》寓言故事 ——“守株待兔”、“矛
　與盾”、“鄭人買履”、“畫鬼最易”、“買櫝還珠”，
　理解其蘊含之意及用法。

六、漢賦選介

漢賦簡介

　　漢代立國之後，由於採取道家與民休養生息的治國政策，所以社會安定，農業獲得穩定發展，國力也因此不斷增強，與此相伴隨的是文化事業和文學藝術再度繁榮昌盛。更由於漢代君臣多為楚地人，他們在將自己的喜怒哀樂之情和審美感受付諸文學時，便自覺或不自覺地採用了《楚辭》所代表的文學樣式，從而創造出漢代文壇獨具風貌的文學新體裁 —— 賦。

　　在中國文學中，賦是一種最奇怪的體製。由外表來看，非詩非文，然其內容，卻又有詩有文。無論從其形式或其性質方面觀察，賦是一種半詩半文的混合體。劉勰《文心雕龍‧詮賦》說：「然賦也者，受命[1]於詩人，拓宇[2]於《楚辭》也。」這是說，賦是由《詩經》《楚辭》發展而來的。《詩經》是賦的遠源，《楚辭》是賦的近源，但是古人將這三者區分為不同的文體。從思想內容來看，騷（《楚辭》）

---

1 獲得生命。
2 原意是開拓領域，這裡意指發展。

之所以有別於詩，是因為騷沒有像詩那樣純粹書寫人間事物，而有詭異譎怪等類神話的內容；賦之所以異於騷，是因為賦是「鋪采摛文[3]，體物寫志[4]」，而騷則擅長於書寫幽怨的情感。賦主要的特點在於鋪陳事物，鋪陳事物最典型的作品是漢代那些描寫京殿和苑囿的賦，例如司馬相如的〈上林賦〉，其內容就是細膩誇張地描寫上林苑的水勢、山形、蟲魚、鳥獸、草木、珠玉、宮館等景物和皇帝在苑中進行田獵、宴樂等情況，可以說是極盡鋪陳誇張之能事。這種誇張地描寫苑囿和京殿（又如班固〈兩都賦〉）的賦，與詩、騷不同是很明顯的，是漢賦的共同特色。從形式看，詩、騷和賦都是押韻的，這是三者的共同點。但一般來說：詩以四言為主；騷通常是六言，或加「兮」字成為七言；賦則字數不拘，但多數以四言六言為主。典型的漢賦多夾雜散文句式，詩、騷則基本上沒有散句。詩、騷在句與句之間，特別是段與段之間，極少用連結的詞語，而賦則與散文一致，多用連結的詞語。例如蘇軾〈前赤壁賦〉用「於是」、「況」、「則」、「且夫」、「雖」等大量的連結詞語。整體來說，賦比騷抒情的成分少，詠物說理的成分多，詩的成分少，散文的成分多，賦的性質是夾雜詩和散文之文體。

　　賦的結構可分為三個部分：前面有序，中間是賦的本身，後面有「亂」或「訊」。序是說明作賦的原因，「亂」

3　指鋪陳文采詞藻，彰顯文采。摛（ㄔ），舒展。
4　鋪陳事物，抒發情志。

或「訊」大多是概括全篇的大意或抒發一些議論，以寄託諷諭之意，但序和「亂」或「訊」不是賦一定要具備的。賦的形式有幾次大的演變，可分爲古賦、俳（ㄆㄞˊ）賦、律賦和文賦四種。漢代的賦是古賦，古賦又稱爲辭賦。漢賦的篇幅一般比較長，多採用問答體的形式，韻文中夾雜著散文，在用詞方面，漢賦作家喜歡用許多罕見的僻字。六朝的賦是俳賦，俳賦又叫駢賦。這一時期的賦篇幅一般比較短小，但駢偶、用典是它與漢賦顯然不同之處。由此看來，所謂駢賦實際上是押韻的駢體文。律賦是唐宋時代科舉考試所採用的一種試體賦，律賦比駢賦更追求對仗工整，並注意平仄的和諧，其最明顯的不同之處在於押韻有嚴格的限制，律賦的字數，也有一定限制，一般不超過四百字，科舉考試特別講究規定，因此律賦近乎一種文字遊戲。文賦是受古文運動的影響而產生的，中唐以後，古文家所作的賦，逐漸以散代駢，句式參差，押韻也比較隨便，是用寫散文的方法來寫賦，通篇貫串散文的氣勢，重視清新流暢。杜牧的〈阿房宮賦〉已開文賦的先聲，蘇軾的〈前赤壁賦〉則是文賦的典型代表作品。

漢賦選介

漢武帝的陳皇后被遺棄後，謫居在長門宮，十分仰慕司馬相如的文名，拿出黃金百斤請他作了一篇〈長門賦〉，希望能感動武帝，使他回心轉意，重新獲寵。在司馬相如的作品中，〈長門賦〉是受到歷代文學家稱讚的成功之作。

作品是以一個受到冷落的嬪妃口吻所寫成，君主許諾朝往而暮來，可是天色將晚，還不見臨幸。她獨自徘徊，對愛的企盼與失落充滿心中。她登上高臺遙望其行蹤，唯見浮雲四塞，天色昏暗。當雷聲震響時，她以為是君主的車輦，卻只見風捲帷幄，君王終究沒來。作品將離宮內外的景物同人物的情感緊密地結合在一起，以景寫情，在賦中已是別具一格。作品後部尤為感人，女主人公在確信君主不會臨幸之後，更加感到孤獨。她彈琴以寄愁思，聞之者亦悲傷流淚。在睡夢中自己彷彿在君主身旁，醒來後仍是孤獨一人，尤感悲涼。通篇寫來幽怨深婉，情味雋永，匠心獨具，為歷代宮怨作品之祖，今節選數語於下：

> 忽寢寐而夢想兮，魄若君之在旁。惕寤覺而無見兮[5]，魂迋迋[6]若有亡。眾雞鳴而愁予兮，起視月之精光。觀眾星之行列兮，畢昴[7]出於東方。望中庭之藹

5　突然驚醒卻什麼也沒看見。
6　ㄎㄨㄤˋ，惶恐的樣子，好像失落了什麼。
7　畢星與昴（ㄇㄠˇ）星，二星至五六月時，晨見於東方，故常用以表示天將黎明。

藹[8]兮，若季秋之降霜。夜曼曼[9]其若歲兮，懷鬱鬱其不可再更。澹偃蹇[10]而待曙兮，荒亭亭[11]而復明。妾人[12]竊自悲兮，究年歲而不敢忘[13]。

8　形容月光微暗的樣子。
9　通「漫漫」，長。
10　澹，搖動。偃蹇，佇立的樣子。是說夜不成眠，佇立以等待天明。
11　天快亮。荒，欲明貌。亭亭，遠貌。
12　自稱之詞。
13　只是暗自悲歎而已，即使窮年累月如此，仍然不敢忘君。

《作　業》

翻譯：忽寢寐而夢想兮，魄若君之在旁。惕寤覺而無見兮，魂迋迋若有亡。眾雞鳴而愁予兮，起視月之精光。觀眾星之行列兮，畢昴出於東方。望中庭之藹藹兮，若季秋之降霜。夜曼曼其若歲兮，懷鬱鬱其不可再更。澹偃蹇而待曙兮，荒亭亭而復明。妾人竊自悲兮，究年歲而不敢忘。

【延伸閱讀】請查出漢武帝劉徹“金屋藏嬌”的典故。

七、漢代散文選介

漢代散文簡介

　　散文到了漢代不僅發展到成熟的階段，也達到了巔峰的階段，所以明代前後七子[1]的古文運動才主張「文必秦漢；詩必盛唐」，以漢代散文為學習的對象。他們認為秦漢散文不但氣勢充沛，而且內容充實，實為文章之典範。漢代散文主要是以政論散文和史傳散文最為有名，代表西漢前期散文的主流是一批為朝廷服務的政治家所寫的，具有強烈時代特徵的政論散文，其中心論題是總結秦王朝覆滅的教訓，為新王朝提供統治的良策，這是君主和整個社會所需要的。他們的文章承繼了戰國散文議論的風格，內容以陳論政事之得失為主，思想既遵循儒家的觀點，又兼具縱橫家議論的風格。有名的作家有陸賈、賈誼、鼂錯等人，賈誼的〈過秦論〉是西漢前期政論散文的代表作，〈過秦論〉分上中下三篇，它的主旨如題目所示：論秦政的過

---

1 前後七子出現於明代，由李夢陽、何景明、李攀龍、王世貞等為領袖，稱為前後七子的十四人，標榜所謂的「復古」，並且提出「文必秦漢；詩必盛唐」復古、擬古的口號。

失，這是西漢前期政論散文所集中討論的問題。上篇竭力誇張秦國力量的強大和敗亡的迅速，用強烈的對比，突顯出「仁義不施」必然敗亡的道理。中篇和下篇，則提出秦二世和孺子嬰應該採取何種措施，才能挽救敗局，實際上是比較具體地提出西漢王朝應該注意的政策。〈過秦論〉文章多鋪張渲染，有戰國縱橫家文章的遺風，不過它的恢宏氣度，則是戰國文章所未有，而是出自大一統王朝才有的宏觀氣魄。

　　西漢中期的散文，以司馬遷的成就最高。西漢王朝到武帝時期臻於鼎盛，文學創作也出現空前繁榮的局面。在

政論散文和辭賦都得到長足發展的同時，歷史散文也出現了里程碑式的傑作，這就是由司馬遷所撰寫的《史記》。《史記》代表古代歷史散文的最高成就，魯迅稱它是「史家之絕唱，無韻之離騷」（《漢文學史綱要》），兩千年來，《史記》不僅是歷史學家學習的典範，而且也成為文學家學習的對象。西漢後期的散文，最值得一提的是桓寬的《鹽鐵論》，它也是政論散文，從現實問題出發，討論鹽鐵國營和酒類專賣等問題，不僅針砭時弊、切中要害，並且保持前期論文渾樸質實的特點。值得一提的是書中出現很多對偶工整的句子，這種文章風格後來成為東漢散文的普遍特色，到了六朝發展成駢文。由於漢代文人將他們在辭賦中磨練出來的修辭技巧，運用在散文上，因此推進了散文的修辭化；到了東漢後期，已經出現駢偶相當工整的文章，至魏晉時代就正式發展成為駢文。

東漢的歷史散文，以班固的《漢書》成就最高，此外趙曄的《吳越春秋》和袁康的《越絕書》等所謂雜史一類的散文，也獲得不錯的成就。至於政論散文，以批判天人感應、陰陽災異等荒誕迷信為主。東漢前期思想界的荒誕迷信，比西漢後期還要嚴重，專門偽造神祕預言的圖讖之學也特別風

行。桓譚《新論》一書的主旨就是在反對迷信思想.；王充《論衡》也給予讖緯迷信強而有力的批判。自東漢中期王符寫作《潛夫論》，到東漢後期，又出現了仲長統的《昌言》、崔寔的《政論》、荀悅的《申鑒》等著作。他們繼承了桓譚、王充等人散文的理性精神，但又把批判的對象從迷信擴展到廣泛的社會現實問題；在風格方面，他們延續了漢代散文一直在發展的駢偶化傳統，所以文章比以往更為整齊工麗。

《史記》選介

　　《史記》原名《太史公書》，東漢末年才稱《史記》。它是中國古代第一部由個人獨力完成的具有完整體系的著作。《史記》總共有一百三十卷，五十二萬餘字，全書由十二本紀、十表、八書、三十世家、七十列傳等五個部份組成。十二「本紀」是以編年方式來紀敘帝王事蹟；「表」是各個歷史時期的簡單大事記，它是用表格形式，分項列出各歷史時期的大事；「書」是個別事件的始末文獻，分別敘述天文、曆法、水利、經濟等各類專門事項的發展和現狀，與後來的專史相近；「世家」是世襲家族以及孔子、陳勝等祭祀不絕的人物記載；「列傳」是本紀、世家以外的各種人物的傳記，還有一部份記載中國內外各民族的歷史。《史記》通過這五種不同體例的相互配合，相互補充，構成了完整的歷史體系，這種體裁簡稱為「紀傳體」，以後稍加變更就成了歷代正史的通用體裁。而班固的《漢書》

專寫漢代歷史，獨立成書，是中國第一部斷代史，和《史記》同樣對後代史學和文學發生了巨大的影響，舊時「史漢班馬」並稱，正說明了兩人的重要性。

　　《史記》是中國紀傳體史學的奠基之作，同時也是中國傳記文學的開端。史傳文學在先秦時期就已經初具規模，記言的有《尚書》，記事的有《春秋》，其後又有編年體的《左傳》和國別體的《國語》、《戰國策》。但是以人物為中心的紀傳體史學著作，卻是司馬遷的首創。《史記》的許多傳記情節曲折，人物形象栩栩如生，為後代小說創作積累了寶貴的經驗。小說塑造人物形象的許多基本手法，在《史記》中都已經開始運用。而《史記》的許多故事在古代廣為流傳，也成為後代小說戲劇取材的對象。

　　《史記》善於描摹人物，它往往通過具體事件或生活瑣事，把人物寫得有血有肉。司馬遷在刻畫人物時，一方面能把握他的基本特徵，同時對其性格的次要方面也能給予充分的重視，多方面地展現人物的精神風貌。司馬遷筆下的人物形象具有豐富性、複雜性，有的是在一篇傳記中同時寫出人物性格的幾個側面，有的則採用旁見側出的方法，通過多篇傳記來完成對某個人物形象的塑造。旁見側出法，又稱互見法，即在一個人物的傳記中著重表現他的主要特徵，而其他方面的性格特徵則放到別人的傳記中來寫。例如〈高祖本紀〉主要寫劉邦帶有神異色彩的發跡史，以及他的雄才大略、知人善任，對他性格上的許多陰暗面則沒有充分展示，這些劉邦性格上的缺點，是寫在其他人

的傳記中，讓人透過旁見側出的方式，看到劉邦形象的另
外一些側面。以下介紹其寫法：

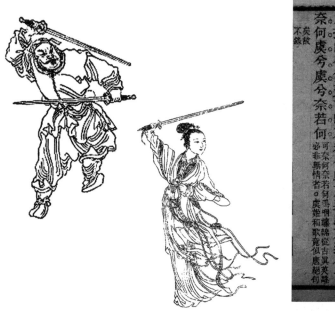

〈項羽本紀〉通過范增之口道出劉邦的貪財好色；〈蕭
相國世家〉、〈留侯列傳〉則表現他猜忌功臣的一面；〈魏
豹彭越列傳〉、〈酈生陸賈列傳〉揭露他傲慢侮人、詈罵
諸侯臣如奴僕；〈樊酈滕灌列傳〉還披露了在楚漢相爭時，
劉邦戰敗逃跑時，為了減輕載重以加快車速，好逃命以保
全自己的性命，幾次把親生兒女推到車下，也就是後來的
惠帝、魯元公主，幸虧有賴於夏侯嬰的保護才倖免於難。
司馬遷對漢高祖劉邦之所以採用旁見側出的寫法，顯然是
身當劉氏天下而有所忌諱，不得不如此。劉邦在司馬遷〈高

祖本紀〉筆下有其正面的英雄氣度與謀略，如劉邦自稱之所以能擊敗項羽而一統天下，就在於其善於用人，勝過項羽：

夫運籌策帷帳[2]之中，決勝於千里之外，吾不如子房。鎮國家、撫百姓、給餽餉[3]、不絕糧道，吾不如蕭何。連百萬之軍，戰必勝、攻必取，吾不如韓信。此三者，皆人傑也，吾能用之，此吾所以取天下也。項羽有一范增而不能用，此其所以為我擒也。

又如〈淮陰侯列傳〉中韓信稱劉邦為「陛下不能將兵，而善將將[4]」，正說了明劉邦的領導統御有過人之處。但司馬遷從其他地方也勾勒出劉邦無賴混混的心態，如在〈酈生陸賈列傳〉就寫「沛公不好儒，諸客冠儒冠來者，沛公輒解其冠，溲溺[5]其中」，〈留侯列傳〉中商山四皓也說出他四人為何不願出山輔佐劉邦的原因在於「陛下輕士善罵，臣等義不受辱，故恐而亡匿」，〈高祖本紀〉中劉邦

---

2 籌策，謀求、計謀。帷帳，軍帳、幕府。
3 糧餉。
4 陛下您不擅帶兵，卻擅於駕馭將領。
5 溲溺（ㄙㄡ ㄋㄧˋ），解小便。

在高陽接見酈食其，結果「沛公方踞[6]床，使兩女子洗足」，
都是寫出其流氓行徑的一面。〈高祖本紀〉還稱劉邦年輕
時「不事家人生產作業」，想必當時曾被父親所嫌棄，等
到稱帝後，還以一副暴發戶的態度，在父親面前炫耀地說：
「始大人常以臣無賴，不能治產業，不如仲力。今某之業
所就孰與仲多？」這時群臣都大呼萬歲，「大笑爲樂」，
把父親看走眼的事，當著大家的面宣揚，加以取笑，這叫
做父親的情何以堪！加上前面提到的劉邦爲求活命而棄子
女於不顧的事，正足以說明劉邦爲人之無情。也難怪楚、
漢廣武之戰後，項羽急於結束戰爭，於是：

> 爲高俎[7]，置太公其上，告漢王曰：「今不急下，吾
> 烹太公。」漢王曰：「吾與項羽俱北面受命懷王，曰
> 約爲兄弟。吾翁即若翁，必欲烹而翁，則幸分我一
> 桮[8]羹。」（〈項羽本紀〉）

　　留下今日常說的用語「分一杯羹」。凡此種種，透過
司馬遷生動的描寫，讓我們看到了劉邦性格中真實的另一
面。

6　ㄐㄩˋ，伸開腿坐。以此坐姿見客，甚爲驕傲無禮。
7　放在高桌上的砧板，俎音ㄗㄨˇ。
8　同杯。

《作　業》

1.**翻譯**：夫運籌策惟帳之中，決勝於千里之外，吾不如子
　房。鎮國家、撫百姓、給餽餉、不絕糧道，吾不如蕭何。
　連百萬之軍，戰必勝、攻必取，吾不如韓信。此三者，
　皆人傑也，吾能用之，此吾所以取天下也。項羽有一范
　增而不能用，此其所以為我擒也。

2.**翻譯**：始大人常以臣無賴，不能治產業，不如仲力。今
　某之業所就孰與仲多？

3.**翻譯**：為高俎，置太公其上，告漢王曰：「今不急下，
  吾烹太公。」漢王曰：「吾與項羽俱北面受命懷王，曰
  約為兄弟。吾翁即若翁，必欲烹而翁，則幸分我一桮羹。」

【延伸閱讀】請閱讀《史記》中相關資料，以說明「鴻門
        宴」的經過。

八、漢代樂府與古詩選介

漢代樂府詩選介

　　繼《詩經》、《楚辭》之後，兩漢的樂府詩，成爲中國古代詩歌史上又一壯麗的成就。作爲一種新的詩體，呈現出旺盛的生命力，「樂府」這個詞彙，在古代是具有多種涵義的。最初是指主管音樂的官府，「樂」就是音樂，「府」就是官府，這是它的原始意義。由朝廷設立專門的機關管理音樂，從周代就有了，漢代人把樂府配樂演唱的詩，稱爲「歌詩」，這種歌詩在魏晉以後也稱爲「樂府」。於是所謂的樂府，就從機關的名稱一變而成爲一種帶有音樂性詩體的名稱。如《文選》在騷、賦、詩之外，另立樂府一門，就是這一演變的標誌。魏晉六朝文人用樂府舊題寫作的詩，不論合樂或不合樂，一概稱爲「樂府」。六朝人把樂府看成一種詩體，但著眼在音樂上。唐代出現了不用樂府舊題，而只是仿照樂府詩的某種特點寫作的詩，被稱爲「新樂府」，這是撇開音樂，而注重它的社會內容，所以唐代的樂府，已經變成爲一種批判寫實的諷刺詩。宋元以後，「樂府」又用作詞、曲的別稱，這是因爲這兩種

詩歌的分支，最初也都是配樂演唱的，這又離開了唐人所揭示的樂府的精神實質，而單從入樂這一點著眼。

兩漢樂府詩，是指由朝廷樂府系統或相當於樂府職能的音樂管理機關蒐集、保存而流傳下來的漢代詩歌。西漢樂府的擴充和發展是在武帝時期，《漢書·藝文志》說：「自孝武立樂府而採歌謠，於是有代、趙之謳[1]，秦、楚之風。皆感於哀樂，緣事而發[2]。」兩漢樂府詩都是創作主體有感而發，具有很強的針對性。激發樂府詩作者創作熱情和靈感的是日常生活中的具體事件，樂府詩所表現的也多是人們普遍關心的敏感問題，詩中說出了那個時代的苦與樂、愛與恨，以及對於生與死的人生態度。

---

1 謳，歌謠。
2 是說漢代平民百姓有感於當時社會上哀傷、快樂的現實問題，因而創作了漢樂府民歌，以表達他們的思想感情。

兩漢樂府詩的作者來自不同階層，詩人的筆觸深入到社會
生活的各個層面，因此社會上的種種面貌，在詩中都得到
了充分的反映。例如相和歌辭中的〈東門行〉、〈婦病行〉、
〈孤兒行〉表現的都是平民百姓的疾苦，是來自社會最底
層的呻吟呼號。有的家裡「盎[3]中無斗米儲，還視架上無懸
衣」（〈東門行〉），逼得男主人公不顧妻兒親情呼喚，
不得不拔劍出家門，走上反抗的道路。有的是婦病連年累
歲，垂危之際把孩子託付給丈夫；病婦死後，丈夫不得不
沿街乞討，遺孤無知，還呼喊著要母親抱。（〈婦病行〉）
還有的寫孤兒受到兄嫂虐待，嘗盡人間辛酸，讓孤兒有了
這樣的念頭「願欲寄尺書，將與地下父母：『兄嫂難與久
居！』」（〈孤兒行〉）這些詩歌寫出一幕幕的漢代社會
生活實況，貧士、孤兒、病婦等形形色色的人，透過文字，
他們的辛酸血淚宛如戲劇般，就在我們的面前搬演開來。
這種源自民間，具有強烈社會寫實性的詩歌，就是所謂的
漢代樂府詩。漢代樂府詩緣事而發，現實感強烈的特色，
在傳統文學史中可說是居於承先啓後的地位。在樂府之
前，有《詩經》中「國風」的寫實與諷喻精神；樂府之後，
則產生了杜甫的詩史，充滿對當時社會的強烈批判；再至
白居易高舉「新樂府」的旗幟，喊出「惟歌生民病，願得
天了知[4]」（〈寄唐生〉）的口號，強調詩文須爲事、爲時

---

3 尢ヽ，古代的一種器皿，腹大口小。
4 是說透過詩歌的手段，把政治弊端，人民疾苦反映給統治者，以求得政治的革
　新。

而作。這一路相傳，漢代樂府詩有上下承導的作用。再從形式來看，樂府詩還孕育了後來的五、七言詩，是傳統詩歌發展上很重要的一環。

　　漢樂府詩的內容，除了反映出前述的社會現象之外，與《詩經》一樣，也有多篇對男女愛情描寫的佳作。由於這些詩篇多數是來自民間或是出自下層文人之手，因此在表達婚戀方面的愛與恨時，都顯得大膽潑辣，毫不掩飾。鼓吹曲辭收錄的〈上邪〉是一篇女子自誓之詞：

> 上邪[5]！我欲與君相知[6]，長命無絕衰[7]。山無陵，江水為竭，冬雷震震[8]，夏雨雪[9]，天地合，乃敢與君絕。

　　這首詩用語奇特，別開生面。先是指天為誓，表示要與自己的意中人結為終身伴侶。接著連舉五種千載不遇、極其反常的自然現象，用以表明自己對愛情的矢志不移，其中每一種自然現象在正常情況下都是不會出現的，至於五種同時出現，則更不可能了。作者內心的情感如火山爆發、如江河奔騰，沒有任何力量能夠遏止的表達出來，以此來顯示自己愛得真摯、堅定、熱烈。可是一旦發現對方

---

5 上，指天。邪，音義同「耶」。也就是對天立誓。
6 相愛。
7 命古與「令」字通，使。這兩句是說，我願與你相愛，讓我們的愛情永不衰絕。
8 雷聲。
9 降雪。雨，音ㄩ丶，動詞。

移情別戀，中途變心，就會由愛轉恨，果斷地與他分手，而絕不猶豫。另一篇〈有所思〉反映的就是未婚女子這種由愛到恨的變化及其表現。女主人公思念的情人遠在大海南邊，她準備了珍貴的「雙珠玳瑁簪[10]，用玉紹繚[11]之」，想要送給對方。但一聽到對方變了心——「聞君有他心」，她就毅然決然地毀掉這份禮物——「拉雜[12]摧燒之」，並且「當風揚其灰」，女子由柔情轉爲怨恨，恨到極點就把這份象徵愛的禮物給毀了，摧之不足以洩恨，繼之以燒；燒之不足以洩恨，繼之以揚灰。並且果斷地表示：「從今以往，勿復相思，相思與君絕！」她愛得熱烈，恨得痛切，她的選擇是痛苦的，同時又斬釘截鐵，義無反顧。詩中把女主角敢愛敢恨，心情幾度轉折，動作與心意緊密地配合，寫得淋漓盡致。

　　〈孔雀東南飛〉所寫的是另一種類型的愛與恨，它是一個悲劇。這首五言的長篇敘事詩，共有 353 句，1765 字。詩的男女主角焦仲卿和劉蘭芝是一對恩愛夫妻，他們之間只有愛，沒有恨，他們的婚姻是被外力活活拆散的。只因焦母不喜歡蘭芝，逼迫著兒子休妻，所以蘭芝不得不回到娘家。但是又遭到劉兄逼她改嫁，以及太守家又強迫成婚。

　　劉蘭芝和焦仲卿分手之後，彼此之間愛得更加熾熱，兩人最後雙雙自殺，用以反抗不幸的婚姻，同時也表白他

---

10 兩端各掛一珠的玳瑁（ㄉㄞˋ　ㄇㄟˋ）髮簪。
11 纏繞。
12 雜亂不整齊。

們生死不渝的愛戀之情。詩人在詩末「兩家求合葬，合葬華山傍。東西植松柏，左右種梧桐[13]。枝枝相覆蓋，葉葉相交通[14]。中有雙飛鳥，自名爲鴛鴦。仰頭相向鳴，夜夜達五更。行人駐足聽，寡婦起徬徨。多謝[15]後世人，戒之慎勿忘。」以梧桐、鴛鴦來象徵兩人愛情不死，就算死後還能以另一種形貌來永結同心，將沉痛的現實敘述以浪漫的情懷收尾，除了希望告誡後人不要再讓這種悲劇發生外，也讓我們看到了後來梁祝故事化蝶的雛型。

〈孔雀東南飛〉的情節相當的完整，一系列扣人心弦的場面，一步步地把悲劇鋪展開來，在古代詩歌史上，故事情節如此完整的詩篇，還是第一次出現。所以明王世貞《藝苑卮言》讚頌它爲「長詩之聖」、清沈德潛《古詩源》稱讚它爲「古今第一首長詩」；後人把〈孔雀東南飛〉、北朝的〈木蘭詩〉、唐代韋莊的〈秦婦吟〉並稱爲「樂府三絕」。

古詩十九首選介

除了漢代樂府詩之外，〈古詩十九首〉代表著漢代文人五言詩的最高成就。〈古詩十九首〉出自漢代文人之手，但沒有留下作者的姓名。它整組收錄在《文選》卷二十九，它不是一時一地之作，作者也不是一人而是多人，估計應

---

13 東西左右都種植松柏梧桐。
14 枝枝葉葉皆互相覆蓋連接。
15 再三告訴。

該是創作於東漢後期的數十年間。抒發遊子的羈旅情懷和思婦閨愁是它的基本內容，漂泊在外的遊子，他們身在他鄉，卻思念故土、心繫家園，每個人都有無法消釋的思鄉情緒。〈涉江採芙蓉〉的主人公採擷芳草想要贈給遠方的妻子，還感嘆地說「還顧望舊鄉，長路漫浩浩[16]。同心而離居，憂傷以終老」。〈明月何皎皎〉的作者在明月高照的夜晚憂愁難眠，攬衣徘徊，深切地感到「客行[17]雖云樂，不如早旋歸」，天涯芳草，他鄉明月，不僅沒有給遊子帶來心靈的慰藉，反而激起難以遏制的思鄉之情。

　　〈古詩十九首〉所展示的思婦心態，著重在寫其獨處的精神苦悶，她們擔心遊子喜新厭舊，擔心自己的真情不被對方省察，擔心外力離間等等。思婦和遊子的形象都是孤獨的，不過和遊子相比，思婦顯得更加地孤獨。遊子有良宵聚會、賞歌聽曲的機會，還可以驅車出遊，而思婦卻只能徘徊院庭，空室長嘆而已，她們難言的寂寞，經常是靠著淚水沖洗才能度過。以下就舉〈行行重行行〉為例：

　　　行行重行行[18]，與君生別離[19]。相去萬餘里，各在天
　　一涯[20]。道路阻[21]且長，會面安可知。胡馬依北風，

---

16 路途漫長。
17 在外作客。
18 走了又走，含有愈走愈遠的意思。
19 並非一般的別離，而有別後難以再聚的涵義。
20 方。
21 艱險。

越鳥巢南枝[22]。相去日已遠，衣帶日已緩[23]。浮雲[24]蔽白日[25]，遊子不顧返[26]。思君令人老，歲月忽已晚[27]。棄捐[28]勿復道[29]，努力加餐飯。

婦人久等丈夫不歸，不禁埋怨道：看那胡馬望著北風嘶鳴，越鳥築巢在朝南的枝頭，動物都還會依戀著故鄉。埋怨丈夫，你怎麼不眷戀故鄉，早日回家呢？在家鄉的我衣帶漸寬終不悔，但憔悴了又能如何？年老了又能怎樣？想想還是努力加餐飯，保重好身體，留得青山在，以待來日相會比較實在吧！

---

22 胡馬南來後仍依戀北風，越鳥北飛後仍築巢於南向的樹枝。胡馬，北方胡地所產的馬。越鳥，南方越地的鳥。
23 寬。表示因相思之深而身體日漸消瘦。
24 設想他有新歡。
25 比喻為丈夫。
26 不想著回家。顧，念。
27 歲月，時間。忽已晚，言流轉之速。
28 拋開。
29 不必再說。

《作　業》

1.**翻譯**：上邪！我欲與君相知，長命無絕衰。山無陵，江
　水為竭，冬雷震震，夏雨雪，天地合，乃敢與君絕。

2.**翻譯**：行行重行行，與君生別離。相去萬餘里，各在天
　一涯。道路阻且長，會面安可知。胡馬依北風，越鳥巢
　南枝。相去日已遠，衣帶日已緩。浮雲蔽白日，遊子不
　顧返。思君令人老，歲月忽已晚。棄捐勿復道，努力加
　餐飯。

九、魏晉南北朝文學選介

　　從東漢末年的獻帝建安年間開始，經魏、蜀、吳三國鼎立時期，至隋文帝楊堅代北周稱帝（A.D 196-581），這段時間被稱爲魏、晉、南北朝時期。綜觀這段時期的文學，是以五七言古體詩的興盛爲標誌的。五言古詩在漢代逐漸成熟，到了此時，由於有曹植、阮籍、左思、陶淵明等詩人的創作，不僅作品日益增多，而且表現手法更加豐富。因爲不斷的發展，故能創造出多樣的風格，形成五言古詩的興盛時期。而七言詩也在這一時期確立下來，魏文帝曹丕的〈燕歌行〉已經是完整的七言詩。到了劉宋時，鮑照所寫的七言詩表現出激昂的情感，反映了現實生活，從而確立它在詩壇的地位。就在此時，律體詩也開始形成，齊、梁時沈約等人提出「四聲八病[1]」的聲律問題，因而產生了「永明體[2]」詩，這是律詩的先聲。到了南北朝後期，五言

---

1 南齊文學家沈約，精於音律，長於駢文，他提倡「四聲」、「八病」之說，所謂四聲就是平、上、去、入；又將四聲的區辨同傳統的詩賦音韻知識相結合，規定了一套五言詩創作時應避免的聲律上的八種毛病。

2 永明體是中國南朝齊武帝永明年間出現的詩風，即以講究四聲、避免八病、強調聲韻格律爲其主要特徵。南朝齊竟陵王蕭子良門下的八位文學家：蕭衍、沈約、謝朓、王融、蕭琛、范雲、任昉、陸倕（合稱竟陵八友），都是永明體詩

律詩已經大體成型。此外，在當時的民歌中廣泛運用的五言短詩，經過文人的改造，又演變成五言絕句的體例。至於七律和七絕也在魏、晉、南北朝有了雛形，這一時期各類詩體的發展，已為唐詩的鼎盛奠下了良好的基礎。

　　至於漢代的樂府詩，到南北朝仍續有發展，但因地域與民族性而有不同的風格。南朝民歌風格清麗婉轉，反映了百姓純真浪漫的愛情生活；北朝民歌則具有剛健粗獷的民族特色，表現動亂不安的社會現實和百姓的深沉苦難，其中的〈木蘭詩〉更是一首傑出的敘事詩，詩中呈現自然生動、活潑熱情的民歌風格，不但手法創新，又兼具質樸的藝術特色，故能成為北朝民歌的代表，也成為流傳至今極富盛名之作，其故事不斷地被改編成電影與電視劇。

　　賦在南北朝時期的發展，雖然創作數量依然不少，但已失去了漢賦那般主導文壇的地位。由於受到抒情詩風的

歌的作家。從齊永明至梁陳百餘年間，吳均、何遜、陰鏗、徐陵、庾信等先後有九十餘人從事於永明體詩作的創作，從而為唐代格律詩的產生和發展奠定了基礎。

影響，抒情小賦跟著發展。它擺脫了漢代散文賦鋪張誇大的習氣，以短小的篇幅呈現作者的思想感情，具有高超的文學價值。這時有名的小賦作品，有王粲〈登樓賦〉、鮑照〈蕪城賦〉、江淹〈別賦〉〈恨賦〉等，而在駢文蓬勃發展的情形下，賦逐漸與之結合而形成駢賦，在形式上已經十分接近駢文了。

在魏晉南北朝時期，駢文逐漸替代散文，成為當時文壇的主流。當時文人講究對偶、聲律和藻飾之美成為風氣，文章的句式結構逐漸發生變化，其結果是駢文的出現和成熟。一直到唐代古文運動興起後，駢文才又退位。此外這個時期還出現了大量描寫神怪的志怪小說和記錄人物軼聞瑣事的志人小說，屬於隨筆雜記性質，統稱為筆記體小說。其文體採用文言文，篇幅短小，記敘社會上流傳的奇異故事，人物的軼聞軼事或其隻言片語。在故事情節的敘述、人物性格的描寫等方面都已初具規模，作品的數量也已相當可觀，可視為小說的雛形，但就作者的主觀意圖而言，還只是當成真實的事情來寫，而缺少藝術的虛構性，它們還不是中國小說的成熟型態。中國文言小說成熟的型態是唐代傳奇，而白話小說成熟的型態則是宋元話本。

在魏晉南北朝期間，文學發生了兩項巨大的變化，一是文學的自覺與獨立。文學的自覺與獨立是一段相當漫長的過程，它貫穿於整個魏晉南北朝，是經過大約三百年才實現的。所謂文學的自覺與獨立有三個標誌，其一是文學從廣義的學術中分化出來，成為獨立的一個門類。漢朝人

所謂文學指的是學術，特別是儒學。到了南朝宋文帝時立
四學，即文學與儒學、玄學、史學並立，文學有了新的獨
立於學術之外的地位。第二是對文學的各種體裁有了比較
細緻的區分，更重要的是對各種體裁的體制和風格特點有
較明確的認識。西晉摯虞的〈文章流別論〉、東晉李充的
〈翰林論〉、梁任昉的〈文章緣起〉，乃至於《文心雕龍》
和《文選》對於文體的區分和討論都較以往更為仔細而深
入。如果對文學只有一種混沌的概念而不能加以區分，還
不能算是對文學有了自覺的認識，所以文體辨析是文學自
覺的重要標誌。第三是對文學的審美特性有了自覺的追
求。文學之所以成為文學，離不開審美的特性。所謂文學
的自覺，最重要的或者說最終，還是表現在對審美特性的
自覺追求上。所以四聲的發現及其在詩歌中的運用，再加
上對用典和對偶的講究，證明此一時期文人對語言的形式
美有了更自覺的追求，這對中國文學包括詩歌、駢文、詞
和曲的發展，都具有極其重要的影響。在唯美文學極盛的
潮流中，文體日益完備、作品日益豐富、文學的地位日益
高漲、文學的形式辭藻日益講求的時代，論文的專家應運
而生；批評作家與作品，辨別文體與討論創作方法的專書
也就適應此一潮流而出現了。魏晉南北朝文學理論與批評
的興盛，是與文學的自覺聯繫在一起的，此時名家名作有
魏曹丕《典論‧論文》、西晉陸機《文賦》、梁劉勰《文
心雕龍》、梁鍾嶸《詩品》等，以及梁蕭統《文選》、陳
徐陵《玉臺新詠》等文學總集的出現，形成了文學理論和

文學批評的高峰。

　　第二項文學巨大的變化是出現以宮廷爲中心所形成的文學集團。集團內部的趨同性，使文學在一段時間內呈現出一種群體性的風格，過了一段時間，改朝換代後又呈現爲另一種風格，從而使文學發展的階段性相當明顯。文學集團在曹操主政時期爲「建安文學」，其代表人物是「三曹」和「建安七子」。「建安七子」指孔融、陳琳、王粲、徐幹、阮瑀、應瑒、劉楨七人，他們的創作多能關心社會苦難，作品呈現一種悲涼慷慨的基調，後人因而稱之爲「建安風骨」。建安之後則是正始文學，此時期的主要作家爲阮籍、嵇康、山濤、向秀、劉伶、阮咸、王戎等「竹林七賢」。

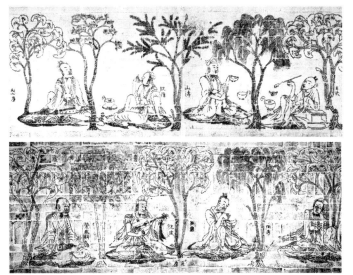

　　最能代表正始文學成就的，是嵇康的散文和阮籍的〈詠懷詩〉。其後西晉時期的太康詩人中，成就最高的應屬左思，他胸懷高曠，筆力雄邁，藉詠史詩以書寫情懷，給傳統的題材注入新的生命。至於在西晉與東晉之間，則以作〈遊仙詩〉的郭璞最為有名。東晉時期最有成就的文人是陶淵明，他不屬於任何集團，而以超然不群的面貌高踞於眾人之上，他躬耕田園，詩文自然率真，被稱為「古今隱逸詩人之宗」（鍾嶸《詩品》）。在陶淵明之後，南朝元嘉時期的謝靈運則以山水詩知名，兩人詩風相近，遂以「陶謝」並稱於世。而在南朝梁的後期和陳代之時，還流行一種特殊的「宮體」詩，這種詩歌主要是由梁朝皇帝蕭綱、蕭繹及其附屬文臣所發展而成的，詩的內容以寫婦女生活及體態為主，作者彷彿是位畫家，用文字代替炭筆，對女子進行人體素描，用細膩的筆觸來描寫女子的容貌、姿態，如臉上的酒渦、髮鬢下的落花、手腕上的壓紋、汗漬薄紗等等都一一寫入詩中，讀者可以用像是在欣賞一幅畫般的態度來看待這些文字。這些詠歎女體的作品，不免將女性物化，而且情調流於輕豔，詩風甚為香豔，雖形成一集團文學，但後世評價不高。

駢文選介

　　駢文是中國古代一種特有的文言文體，它是魏晉以來新興的文體，興盛於南北朝，中唐古文運動以後，稍告衰落，在元明兩代成為絕響。至清初，作者接踵而起，以清

末王闓運爲最後一位名家。駢文是與散文相對而言的，主要特點是以四六句式爲主，如「鷰啄皇孫[3]，知漢祚[4]之將盡。龍漦帝后，識夏庭之遽衰[5]。」（駱賓王〈討武曌檄〉）駢文講究對仗，因句式兩兩相對，猶如兩馬並駕齊驅，故被稱爲駢體、駢儷，又因其句式多爲四六句及對仗，故又稱四六文。在聲韻上，則講究運用平仄，韻律和諧；在修辭上多用典故，雕琢詞藻，因而詞藻工麗。駢文具有整齊美，四六句式與對偶，都能使文章產生整齊的美感。駢文妍麗含蓄，因詞藻妍麗，多用典故，而使文章變得典雅精煉，委婉含蓄。駢文亦具聲音美，協調平仄，增強語言的聲音美。但由於駢文注重形式技巧，故內容的表達往往受到束縛，因而文章容易有華而不實的弊病，適於寫景而不適於敘事。唐以後，駢文的形式日趨完善，出現了通篇四、六句式的駢文，所以宋代一般又稱駢文爲四六文。此外，具有駢文特點而又押韻者，可稱之爲駢賦。

　　駢文雖然有偏重形式，過分追求整齊與對偶，使文章變得單調板滯，或過分拘泥平仄，妨礙內容表達的弊病，但如果運用得當，確實也能收到增強文章美感的藝術效果。而南北朝時期，也不乏內容深刻的作品，如庾信的〈哀

---

3 漢成帝皇后趙飛燕，性妒，十餘年無子，凡後宮嬪妃有孕者皆加以殺害，當時有「鷰啄皇孫」之謠。鷰同「燕」。

4 指漢朝的皇位和國統。祚，ㄗㄨㄛˋ，皇位。

5 漦，音ㄌㄧˊ，龍所吐涎沫。相傳夏朝末年，有神龍止於帝庭，帝取其涎而藏之。傳至周厲王，一日啓而觀之，漦流於庭，入於後宮；有童妾遭之，孕而生女，即褒姒。後周幽王迷戀褒姒，終至亡國。按，夏庭當爲周庭之誤。

江南賦〉，作於庾信晚年，它等於是一篇用賦體寫成的梁

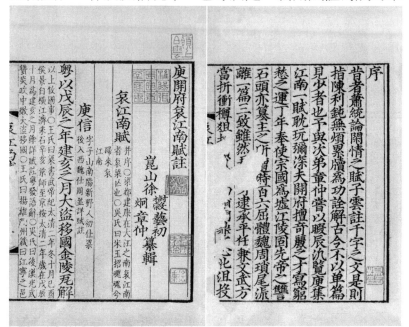

代興亡史和作者的自傳。庾信自幼隨父親庾肩吾出入於蕭
綱的宮廷，後來又與徐陵一起任蕭綱的東宮學士，成爲宮
體文學的代表作家。侯景叛亂時，庾信逃往江陵，輔佐梁
元帝。後奉命出使西魏，在此期間，梁爲西魏所滅。北朝
君臣一向傾慕南方文學，庾信又久負盛名，因而他既是被
強迫，又是很受器重地留在了北方，官至車騎大將軍。北
周代魏後，更封侯。當時陳朝與北周通好，流寓北周的人
士，允許歸還故國，唯有庾信與王褒不得回南方。所以，
庾信一方面身居顯貴，被尊爲文壇宗師，受到北朝皇帝禮
遇；一方面又深切思念故國鄉土，爲自己身仕敵國而感到

羞愧怨憤。賦的前半描述梁初的繁榮局面，但同時也點出梁朝君臣崇尚玄虛、不顧現實的危機，最後大禍來臨，侯景之亂的金陵失陷和西魏攻陷江陵之禍，讓梁朝軍民慘遭燒殺擄掠，極為淒慘。他一方面描寫了自己的身世之悲，一方面則譴責了梁朝君臣的昏庸，表達出對故國的懷念之情。其中有

> 日暮途遠，人間何世[6]。將軍一去，大樹飄零[7]；壯
> 士不還，寒風蕭瑟[8]。荊璧睨柱，受連城而見欺[9]；
> 載書橫階，捧珠盤而不定[10]，鍾儀君子，入就南冠
> 之囚[11]，季孫行人，留守西河之館[12]。申包胥之頓地，

---

6 人世滄桑，如今不知是怎樣的世界，自己則已經年老力衰，無所作為。日暮，喻年老。

7 指當初自己率領文武千餘人鎮於朱雀觀，金陵為侯景所佔據，此後國亡遂成為流浪他鄉之徒。大樹用後漢馮異故事，馮異為大將軍，每所止舍，與諸將並坐論功，常獨屏樹下，軍中競曰「大樹將軍」，此處將軍指庾信自己。

8 庾信出使西魏，一去不得復返。此處用荊軻刺秦王一去不返故事，荊軻亦借指庾信自己。

9 指藺相如出使秦國，能持璧睨柱，不曾被秦王所欺，而自己出使西魏，卻受騙而不得歸。趙王使藺相如奉和氏璧入秦，以璧償趙城。秦王受璧卻無意還城，藺相如前曰：「璧有瑕，請指示王」，於是持璧倚柱，怒髮衝冠，持璧睨柱，欲以璧擊柱，秦王恐其毀璧，辭謝固請，還趙城。荊璧，即和氏璧，為楚人卞和得於山中，楚古稱荊，故曰荊璧。睨，ㄋㄧ、，斜眼看。

10 指自己不像毛遂，雖出使西魏未完成使命，訂定盟約以保存梁朝。平原君赴楚結盟，毛遂自薦隨行，到楚談判未有結果，毛遂持劍登階力爭，說服楚王，當即歃血為盟。載書，盟書。珠盤，諸侯盟誓所用盛牛耳的珠飾銅盤。

11 以鍾儀自比，言自己羈留西魏、北周，近乎南冠之楚囚，心中不忘故國。鍾儀，春秋時楚人，被鄭人俘擄，獻於晉國，仍戴楚冠、歌楚聲，以示不忘故國。

12 以季孫自比，言自己被羈押扣留，與季孫相似。季孫，季孫意如，春秋時魯國大夫，參與平丘之盟，被晉國扣留於西河的行館。行人，使者。

碎之以首[13]；蔡威公之淚盡，加之以血[14]。釣台移柳，
非玉關之可望[15]；華亭鶴唳，豈河橋之可聞[16]！

　　將國亡而不能救的遺恨，思鄉而不能歸的沉痛，寫得
迴腸盪氣、悲慨萬端。作者痛心疾首的神情和暮年淒涼的
境況亦宛然可見，難怪能成為千古不朽的史詩。

志怪小說選介

　　「小說」一詞最早見於《莊子》，是指那些瑣屑的言
談、無關政教的小道理。這和後來作為一種文學體裁的小
說，含義不完全相同，但在古代，小說這種文學體裁始終
被視為不登大雅之堂的東西。追溯中國小說的起源，有以
下幾個方面：首先是神話傳說。神話傳說原先是在口頭流
傳，有的被採入正史，有的繼續在口頭上流傳並不斷地豐

---

13 是說自己不能像申包胥求到救兵，以救祖國。申包胥，楚人，伍子胥率吳軍
　　破楚，申包胥至秦求救兵，立於庭牆而哭，日夜聲不絕，滴水不入口七日，
　　秦哀公感動，為之賦〈無衣〉，出兵救楚。頓地，叩頭至地。碎之以首，謂
　　為了求到救兵，跪地叩首到磕破頭皮。

14 是說自己不像蔡威公對國家的滅亡泣血痛哭。劉向《說苑》記載蔡威公知國
　　之將亡，閉門而泣，三日三夜，泣盡而繼之以血。

15 故國的柳樹，不是羈留北地的我所能望見。釣臺，在武昌西北，借喻南方故
　　國。移柳，移種的柳樹。陶侃為武昌太守時，曾整陣於釣臺，於諸軍營種柳，
　　都尉夏施盜官柳種在已門，陶侃見後，停車問曰：「此是武昌西門前柳，何
　　因盜來此種？」夏施惶怖謝罪。玉關，玉門關，在今甘肅敦煌西北，借喻北
　　地。

16 華亭的鶴鳴，豈是兵敗於河橋的陸機所能聽得到？《世說新語》載陸機河橋
　　兵敗，為盧志所讒，論罪誅斬，臨刑歎曰：「欲聞華亭鶴唳，可復得乎？」
　　華亭，在今浙江省嘉興縣南，為陸機之別墅，有清泉茂林，陸氏兄弟遊此十
　　餘年。河橋，在河南省湯陰縣西南一帶。

富發展，分化出一些新的神和英雄，並且增添更多的故事情節。這些繼續流傳在人們口頭上的傳說，一旦被記錄下來，就成了具有濃厚小說意味的逸史。第二個起源是寓言故事，例如《孟子》、《莊子》、《韓非子》、《戰國策》等書中都有不少人物性格鮮明的寓言故事，它們已經具備了小說的成分。第三個起源是史傳，如《左傳》、《戰國策》、《史記》、《三國志》等，描寫人物性格、敘述故事情節，已經為小說提供了素材，或為小說積累了敘事的經驗。

　　中國古代小說有兩個系統，即文言小說系統和白話小說系統。魏晉南北朝時期，只有文言小說。此時的小說可以統稱之為筆記體小說，採用文言文，篇幅短小，記敘社會上流傳的奇異故事、人物的軼聞軼事或其隻言片語。在故事情節的敘述、人物性格的描寫等方面都已初具規模，作品的數量也已相當可觀。這時期的筆記小說可分為志怪小說和志人小說兩類。志怪小說的興盛與當時的社會背景有很大關係，由於自秦漢以來神巫之風盛行，如秦始皇有海外求仙丹之舉；漢武帝由道士作法得見死去的李夫人等等。至六朝時佛、道思想更為興盛，權貴者服食丹藥養生，士子喜歡玄學清談、好作遊仙詩等等，再加上時代動盪不安、戰禍頻仍，人命短促如蜉蝣、卑賤如螻蟻，鬼神之說於是漸漸深入人心，引起人們的興趣與討論。在這樣的時代背景下，上自帝王將相，下至文人雅士都有志於此。如曹丕作有《列異傳》，顏之推有《冤魂志》，也有人託名

陶潛作《搜神後記》。在眾多志怪小說中，以干寶《搜神記》最為有名。

干寶，字令升，生卒年不詳，只知生活在東晉時代。《搜神記》所記錄的神仙精怪故事，其實也表現著人世間的愛恨情仇。例如〈相思樹〉記大夫韓馮的妻子何氏很美，被好色的宋康王看到了，便強行霸佔。最後夫妻雙雙殉情而死，宋康王很生氣，令人把何氏葬在韓馮墳墓的對面，讓他們互相對望。但卻有兩棵樹分別從兩人的墳上長出來，樹根在地下相交，樹枝在天空相連，又有一對像鴛鴦的鳥，經常棲息在樹上，從早到晚交頸悲切地叫著。當地的人很同情他們，稱這兩棵樹為「相思樹」，又認為這對鳥就是韓馮夫妻的靈魂所化成的。故事雖然是記述奇異鬼怪的事情，而歌頌或肯定的，仍是屬於人類純潔堅貞的愛情。又如〈董永與織女〉是寫董永因賣身葬父的孝心感動了天帝，天帝派織女下凡與他結婚，幫他織布以償債，歌詠人子孝思感天的事蹟。〈李寄〉則是寫蛇怪危害地方，官府無力剿除，只能依例獻上童女為祭品。小女孩李寄最後自告奮勇充當祭品，卻靠著自己的智慧與勇氣克服困難，設下計謀除去蛇妖。反觀官府掌握資源與權

力，結果卻不如一個平民小女子，凸顯出官員的無能與怯
懦。而同樣都是女子，先前犧牲的九個女子都只會認命地
等待被吞噬，李寄卻能勇於向命運挑戰。在這些對比之下，
寫出了人的智慧與勇氣之可貴，而鬼或妖其實並不可怕。
當然，在這一時期並不是人人都相信有鬼神，也有人主張
無鬼之論。《搜神記》就記錄了一則主張無鬼論的大將阮
瞻的故事，藉此譏諷無鬼論者的誤謬：

> 阮瞻，字千里，素執無鬼論。物莫能難[17]。每自謂
> 此理足以辨正幽明[18]。忽有客通名詣[19]瞻，寒溫畢[20]，
> 聊談名理[21]。客甚有才辨[22]，瞻與之言，良久，及鬼
> 神之事，反覆甚苦[23]。客遂屈[24]，乃作色[25]曰：「鬼
> 神，古今聖賢所共傳，君何得獨言無？即僕便是鬼。」
> 於是變為異形[26]，須臾消滅。瞻默然，意色太惡[27]。
> 歲餘，病卒。

---

17 沒有人能駁倒他。物，眾人。
18 足以辨明死生陰陽的道理。幽，陰間。明，陽間。
19 登門向門房通報姓名，說明要拜訪阮瞻。詣，拜訪。
20 寒暄客套完畢。寒溫，說客套話相問候。
21 談論起名理之學。名理，魏晉尚清談，名理為清談的主要內容，指考核名實
　　以辨名析理的學問。
22 辯論的才幹。辨，通「辯」。
23 反覆辯論得很辛苦。
24 屈服，指辯輸了。
25 變臉色，指生氣。
26 和人不同的形象，指鬼像。
27 情緒臉色很壞。太，通「大」。

　　正因為《搜神記》的敘事情節生動、對話鮮活，而且情節中寓含以人為本的人文精神。所以在《搜神記》寫成後，劉惔[28]就稱譽為「卿可謂鬼之董狐[29]」，後世也一直以《搜神記》作為魏晉志怪小說的代表。清代蒲松齡的《聊齋志異》是深受世人推崇的名作，而作者在序言中即以崇敬的口吻說：「才非干寶，雅愛《搜神》」似乎有以自己為《搜神記》的繼承者自居的意味，那麼《搜神記》的價值實已無需多言了。

志人小說選介

　　志人小說的興盛和漢末以來，士族文人之間品評人物和崇尚清談的風氣有很大關係。這類志人小說既是品評人物和崇尚清談的結果，又反過來促進了這種風氣的發展。志人小說流傳至今的作品較少，按其內容可分為三類：一是笑話，如開後世俳諧文字之端的魏人邯鄲淳《笑林》。二是野史，如東晉葛洪偽託劉歆所作《西京雜記》，其中有的故事一直很流行，如王昭君、毛延壽的故事；司馬相如、卓文君的故事。三是軼聞軼事，這是志人小說的主要部分，以劉宋劉義慶《世說新語》為成就和影響最大的一部。

---

28 ㄊㄢˊ。
29 他不畏生死，在史策上直書晉卿趙盾弒其君的事，後世用以作為史官的代表人物。

《世說新語》的內容主要是記錄魏晉名士的軼聞軼事和玄虛清談，也可以說這是一部魏晉風流的故事集。魏晉時代主要的人物，上自帝王、將相，下至隱士、僧侶，皆包含在內。透過這本小說的文字，這些一千六、七百年前的人物，一個個面目真實，如在眼前。它對人物的描寫有的重在形貌，有的重在才學，有的重在心

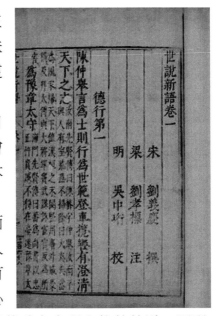

理，但都集中到一點，就是著重在表現人物的特點，通過獨特的言談舉止寫出人物的獨特性格，使之氣韻生動、活靈活現、躍然紙上。例如寫仇家甚多的曹操，深怕在睡覺時被仇家所暗殺，因此謊稱會在睡夢中殺人，故意犧牲一小童，換來日後的安眠。故事把曹操奸詐、富於心機的性格，以寥寥數語呈現出來。

　　魏武云：「我眠中不可妄近[30]，近輒斫[31]人不覺，左
　　右宜慎之！」後乃陽凍[32]，所幸[33]一兒竊以被覆之

---

30 隨便靠近。
31 ㄓㄨㄛˊ，砍。
32 假裝寒凍。陽，通「佯」，偽裝。
33 寵愛。

34，因便斫殺。自爾[35]莫敢近之。

　　所以這本書自寫成以後即受到重視，明代胡應麟《少室山房筆叢》稱讚本書曰：「讀其語言，晉人面目氣韻，恍忽生動，而簡約玄澹，真致不窮。」就是認為讀《世說新語》的文字，晉代士人的面目輪廓與神采、風度，宛如活生生的就在眼前。而且有一種簡約、清高、淡泊的韻味，流轉其間，層出不窮。無怪乎魯迅的《中國小說史略》也形容《世說新語》：「記言則玄遠冷雋[36]，記行則高簡瑰奇[37]」，此即說明《世說新語》在志人方面的成就。

南北朝民歌選介

　　由於南北朝長期處於分裂對峙的狀態，在政治、經濟、文化以及民族風尚、自然環境等方面又存在著明顯的差異，因此南北朝民歌也呈現出不同的情調與風格。南朝民歌風格清麗纏綿，反映出人民真摯純潔的愛情生活；北朝民歌粗獷豪放，反映出北方動亂不安的社會現實和人民的生活風習。南朝民歌中的抒情長詩〈西洲曲〉和北朝民歌中的敘事長詩〈木蘭詩〉，分別代表著南北朝民歌的最高成就。

---

34 私下悄悄拿被子蓋他。
35 從此以後。爾，此。
36 冷雋，意味深長。雋，ㄐㄩㄣˋ。
37 清高簡約，美好珍奇。

現存南朝民歌大部分保存在南宋郭茂倩所編《樂府詩集·清商曲辭》裡，主要有吳歌和西曲兩類，內容絕大多數是情歌。這些民歌本來是徒歌，由樂府機構採集以後才入樂的。在形式上，南朝民歌比起漢樂府顯得短小，多是五言四句，因此用語清新自然。為了表現婉約的情致，諧音雙關字詞的大量使用也是一大特色，例如「絲」諧音「思」，以「匹」諧音「匹配」，「蓮」諧音「憐」，「藕」諧音「偶」，「芙蓉」諧音「夫容」，「見蓮」諧音「見憐」，「梧子」諧音「吾子」等等，都是運用雙關諧音字詞，不僅使得語言更加活潑，而且在情意表達上也更加豐富。而最重要的是，南朝民歌一改《詩經》與漢樂府對男女親密關係描寫的朦朧與模糊，南朝民歌常以明白直接的字句，寫出幽會、偷情的實況，真實且大膽，熱情又活潑，絲毫不吝於表現自我的個性。例如「宿昔[38]不梳頭，絲髮被兩肩，婉伸[39]郎膝上，何處不可憐。」（〈子夜歌〉）到了夜晚放下了披肩的長髮，看我髮烏如絲、身軟如緞，就在情郎的膝上婉轉著，有哪裡不使男人憐惜？又如「憐歡[40]敢喚名，念歡不呼字。連喚歡復歡，兩誓不相棄。」（〈讀曲歌〉）大膽地寫出正當兩情繾綣時，一遍又一遍叫喚著「親愛的」，兩人誓言要永遠相守在一起。此外，被譽為「南朝樂府之最豔者」（陳祚明《采菽堂古詩選》）

---

38 夜晚。
39 委婉屈伸。
40 所愛之人。

的〈西洲曲〉，內容是寫一個青年女子的相思之情，這位
女子住在長江南岸，她的情郎已去江北。表現出少女從初
春到深秋，從現實到夢境，對鍾愛之人的苦苦思念，中間
穿插著不同季節的景物變化和女主人公的活動、服飾及儀
容的點染描繪，一層深過一層地展示人物內心的情思，將
那種無盡的相思表現得極為細膩纏綿而又委婉含蓄，今節
選於下：

> 憶郎郎不至，仰首望飛鴻[41]。鴻飛滿西洲，望郎上
> 青樓[42]。樓高望不見，盡日欄干頭[43]。欄干十二曲[44]，
> 垂手明如玉[45]。卷簾天自高[46]，海水搖空綠[47]。海水
> 夢悠悠[48]，君愁我亦愁。南風知我意，吹夢到西洲。

　　和南方民歌婉轉纏綿、清新秀麗的風格相比，北方民
歌所呈現的是雄邁豪爽、質樸粗獷的藝術面貌。在形式上
則與南方民歌一樣，多五言四句，也有四言、七言和長短
句。至於內容方面，除了有與南方一樣的愛情題材外，還

---

41 望飛鴻：有盼望書信的意思，古人有鴻雁傳書的傳說。
42 塗青色漆的樓房。漢魏六朝詩中常以青樓為女子居處。女子因渴望早一點看
　　到情郎歸來，所以才登高以望遠。
43 終日在欄干邊佇立眺望。
44 高樓的欄干曲曲折折。十二，概數，泛言多。
45 潔皙白嫩，宛如白玉一般。
46 捲起窗簾，唯見天空顏色蒼蒼，愈顯得高遠。
47 古人常將江海混稱，海水指江水。搖空綠，水波搖曳，江面空闊，到處一片
　　碧綠。
48 渺遠。天海遼闊無邊，所以說它「悠悠」，天海的「悠悠」正如夢的「悠悠」。

多了對山川、草原的描繪，與社會生活的敘寫。例如〈敕勒歌〉：

敕勒川[49]，陰山[50]下，天似穹廬[51]，籠蓋四野。天蒼蒼，野茫茫，風吹草低見牛羊。

短短的二十七字，就把蒼茫浩瀚的草原風光描繪出來，境界恢宏博大、雄渾壯闊，可謂千古絕唱。而北朝民歌表現在愛情上也是直截了當：「老女不嫁，蹋地喚天。」（〈地驅樂歌〉）、「阿婆不嫁女，那得孫兒抱？」（〈折楊柳歌〉）、「阿婆許嫁女，今年無消息。」（〈折楊柳歌〉）。表露坦率直接的個性，只想早日嫁給情郎，完全沒有南國女子欲言又止的風情，卻另有一種素樸之美。北朝民歌中最有名的是長篇敘事詩〈木蘭詩〉，與〈西洲曲〉並稱為南北朝民歌的雙璧。也是因為有這首詩，使得花木蘭代父從軍成為家喻戶曉的故事。〈木蘭詩〉所涵蓋的時間長達十多年，而且場景轉換頻繁，從家鄉到戰場，再到朝廷，最後又回到故鄉。透過人物的行動和氣氛的烘托來刻畫人物的心理、性格，將敘事與抒情完美地結合在一起。這是一首敘事詩，但抒情的成分卻很濃重。作者成功地塑

49　「敕勒」是當時少數民族的名稱，又稱高車。在今蒙古大草原，後融入維吾爾族。此詩是敕勒人當日所唱的牧歌。敕勒川泛指敕勒人聚居地區的河川。
50　山脈名，起於河套西北，綿亙於今內蒙古南境。
51　氈帳，遊牧民族居住的帳篷，俗稱「蒙古包」。中央隆起，四周下垂，形狀似天，因而稱為「穹廬」。穹，ㄑㄩㄥˊ。

造了木蘭這個不朽的藝術形象，她集中了中華民族勤勞、善良、機智、勇敢、剛毅和純樸的優秀品格；這是一個深深紮根在中國北方廣大土地上的有血有肉、有人情味的英雄形象，在男尊女卑的封建社會裡尤其可貴。

《作　業》

1.**翻譯**：日暮途遠，人間何世。將軍一去，大樹飄零；壯士不還，寒風蕭瑟。荊璧睨柱，受連城而見欺；載書橫階，捧珠盤而不定，鍾儀君子，入就南冠之囚，季孫行人，留守西河之館。申包胥之頓地，碎之以首；蔡威公之淚盡，加之以血。鈞台移柳，非玉關之可望；華亭鶴唳，豈河橋之可聞！

2.**翻譯**：阮瞻，字千里，素執無鬼論。物莫能難。每自謂此理足以辨正幽明。忽有客通名詣瞻，寒溫畢，聊談名理。客甚有才辨，瞻與之言，良久，及鬼神之事，反覆甚苦。客遂屈，乃作色曰：「鬼神，古今聖賢所共傳，君何得獨言無？即僕便是鬼。」於是變為異形，須臾消滅。瞻默然，意色太惡。歲餘，病卒。

3.**翻譯**：魏武云：「我眠中不可妄近，近輒斫人不覺，左右宜慎之！」後乃陽凍，所幸一兒竊以被覆之，因便斫殺。自爾莫敢近之。

4.**翻譯**：憶郎郎不至，仰首望飛鴻。鴻飛滿西洲，望郎上青樓。樓高望不見，盡日欄干頭。欄干十二曲，垂手明如玉。卷簾天自高，海水搖空綠。海水夢悠悠，君愁我亦愁。南風知我意，吹夢到西洲。

5.**翻譯**：敕勒川，陰山下，天似穹廬，籠蓋四野。天蒼蒼，野茫茫，風吹草低見牛羊。

十、唐代詩文選介

　　魏晉南北朝是文學自覺的時代，文學的藝術特質得到充分的發展，文學創作積累了豐富的經驗，在在都為唐代文學的繁榮奠定了良好的基礎。隋朝的國祚短暫，前後不滿四十年，大體而言，仍不出六朝金粉餘習，是南北朝詩過渡到唐詩的最初階段。唐代文學的繁榮，與唐代國勢強盛、社會的發展有密切的關係。唐人恢宏的胸懷氣度與對待不同文化的相容心態，創造了有利於文化繁榮的環境。無論是文學、史學、書法、繪畫、雕塑、音樂、舞蹈都有很大的發展。唐文學的繁榮，表現在詩、文、小說、詞的全面發展上。詩的發展最早，在唐文學中也佔有最重要的地位，唐代文學的最高成就是詩，它可以說是一代文學的標誌。當詩發展到高峰時，散文開始了它的文體文風改革——古文運動，從文體文風改革的規模和影響而論，此前還沒有任何一個時期可以與它相比。此外，小說也開始走向繁榮，創造了唐代傳奇小說光輝的一面。而當散文、小說、詩相繼進入低潮時，詩的另一種體式——詞，又登上了文壇而煥發光彩。終有唐一代，幾乎找不到一段文學沈寂的時期。唐詩吸收了之前詩歌藝術的一切經驗，更加

發揚光大，達到了難以企及的高峰。唐代的偉大詩人如李白、杜甫，幾乎成了中國詩歌的代名詞。唐代散文的文體文風改革，爲宋代的作家所發揚，深遠地影響著後來散文的發展。唐傳奇使中國的文言小說走向成熟，也在人情味、情節構造、人物塑造上影響著宋代的話本小說。晚唐五代詞的成就，則使得詞這種文體在兩宋時期得以發展成爲一代之文學代表。

唐詩選介

　　若以文人的主要活動時間爲分野，大致可將唐朝分爲初唐、盛唐、中唐、晚唐四期。在唐代最初約九十年間的初唐時期，有如早春曉日，是爲唐詩繁榮到來前的準備階段。詩作雖然繼承了齊梁的靡麗之風，但已逐漸從宮廷臺閣走向關山與塞漠，作者也從宮廷官吏擴大到一般寒士。就情思格調說，北朝文學的清剛勁健之氣與南朝文學的清新明媚相融合，走向既有風骨又開朗明麗的境界。上官儀所創建的「上官體」蔚爲風氣；初唐四傑王勃、楊炯、盧照鄰、駱賓王以駢文齊名，詩作也仍帶著六朝錦繡之色，但語調、取材已漸趨清朗、開闊，對詩風的轉變有承先啓後的作用。杜審言、沈佺期、宋之問更講究聲律對仗、篇句定型，完成了五、七言律詩格律的體制。在華靡風氣籠罩的詩壇也有陳子昂高舉革新的大纛，不僅在理論上反對齊梁詩風，更以創作實踐，開啓盛唐剛健雄渾之風。今簡

介王勃〈送杜少府[1]之任蜀川[2]〉如下：

城闕輔三秦[3]，風煙望五津[4]。與君離別意，同是宦遊[5]人。海內存知己，天涯若比鄰[6]。無為在岐路，兒女共沾巾[7]。

詩中作者雖然意識到羈旅的辛苦和離別的孤獨，但並沒有因此而傷感，沒有惆悵，只有真摯的友情和共勉，心境明朗，感情壯闊，有一種好男兒志在四方的

1 少府，官名，當時縣尉的通稱。
2 之任，赴任。蜀川，泛指蜀地全。
3 杜少府出發的地點是三秦護衛著的長安。闕：古代宮門兩旁的望樓。城闕，指長安的城池宮闕。輔，護衛、夾輔之意。三秦，泛指當時長安附近的關中之地。
4 極目遠望杜少府將到任的目的地，但見風煙杳渺。風煙，風塵煙霧，這是描寫從長安遠望蜀川的景象。五津，岷江中五個渡口，合稱五津，此處以五津代指蜀川。
5 指為作官而奔走，即像浮萍漂流不定。
6 在四海之內還有知心的朋友，即使今後彼此將相隔遙遠，也好像近在咫尺的近鄰。存，有，存在著。天涯，天邊。比鄰，近鄰。
7 無為：不要，不要做。歧路：岔路，指分手的地方。兒女，指多情善感的青年男女。沾巾，淚水沾濕了衣巾。不要在分手的路上，彼此傷心流淚，淚水沾濕了衣巾。

英雄氣概，也透露出一種非常自負的雄傑之氣和慷慨情懷，是王勃送別詩中最有名的一首。

　　繼之而來的便是開元、天寶的盛唐之音。這個時期，出現了山水田園詩人王維、孟浩然。孟浩然詩樸素恬淡、清新自然；詩佛王維閒淡曠遠、禪味悠然，都是超塵的天籟，把山水田園的靜謐明秀之美表現得讓人心馳神往。出現了邊塞詩人高適、岑參，高適詩風慷慨渾厚、岑參雄奇瑰麗，還有王翰、王之渙、王昌齡、崔顥、李頎等一大批名家，共譜豪邁奮發的邊塞進行曲，把邊塞生活寫得瑰奇壯偉、豪情慷慨。當然最重要的是偉大詩人李白，其才華卓絕，詩中常見豐富的想像，如遊龍矯健，把詩寫得如行雲流水而又變幻莫測。正當唐詩發展到高峰的時候，唐代社會也從繁榮逐漸走向動亂與衰敗。天寶後期，社會矛盾激化，部分詩人開始書寫生民疾苦。詩聖杜甫，詩風沉鬱頓挫、格律精工，在流離中以詩代史，抒寫苦難的時代，並發揚樂府寫實、諷諭的精神，反映出種種社會實況。今選介李杜二人小詩各一首，李白這位元天才詩人，作品不只題材多樣、詩風多變，各種體裁的詩，無論五言、七言、律詩、絕句、古詩、樂府，到了他手裡，都能取得極高的成就，綻放出耀眼的光芒。各種內容，無論閨怨、鄉愁、閒適、遊仙、懷古、憶人或是歌詠山河、抒發懷抱、反映百姓生活、諷諭當時政治，都能意到筆隨、貼切動人。他的〈玉階怨〉：

玉階[8]生白露，夜久侵羅襪。卻[9]下水晶簾，玲瓏望秋月[10]。

　　詩中沒有一個「怨」字，只是藉著主角的細膩動作，就能將幽怨之情表露無遺，寫作手法相當的巧妙，是李白著名的閨怨詩。而杜甫的〈旅夜書懷〉寫於代宗永泰元年（西元 765），因好友嚴武去世，在四川失去了依靠，便帶著家人離開四川乘船東下，於旅途月夜中所見有感而作此詩。前四句寫景，星光垂落在寬闊的平野上，月光在滾滾江流中湧動，前者是由遠近上下的寫景，有如幾何圖案的勾描，後者是月與江的描繪，構成很有立體感的空間架構和鮮明的景象。這是開闊世界的靜謐，也是波濤翻滾的險譎，以此反襯出後四句詩人內心的情感。全詩因景生情，借景抒情，寫出詩人如細草的孤苦伶仃，隨風搖擺；又如渺小的離群沙鷗，漂泊在廣漠無邊的天地之間。「飄飄」一詞的輕盈感，更顯出無根無著的飄盪，深刻地表現出詩人內心的孤寂。

細草微風岸，危檣[11]獨夜舟。星垂平野闊，月湧大

8　用玉石砌成的階。
9　卻，退回屋裡。
10 亦即「望玲瓏秋月」倒裝句。隔著水晶簾望著空靈明亮的秋月。
11 高聳的船上桅杆。

江流。名豈文章著[12]，官應老病休[13]。飄飄何所似？
天地一沙鷗。

安史之亂後，唐王朝國力衰退，藩鎮割據越演越烈，
劉長卿、韋應物由盛唐走向中唐，詩作在清秀閒淡中透著
幾分蕭索，中唐大曆詩壇不復見盛唐的意氣風發。唐詩在
中唐激盪出另一個高潮，白居易、元稹、張籍、王建等人，
繼承陳子昂和杜甫的精神，以淺白寫實的文字推動補察時
政、洩導人情的新樂府運動，反映官宦豪奢、剝削人民等
社會問題，又開拓出一片詩歌的新天地。在此先介紹一首
崔護〈題都城南莊〉：

去年今日此門中，人面桃花相映紅。人面不知何處
去，桃花依舊笑春風。

崔護是德宗貞元年間進士，據說有一年的清明節，崔
護獨自到長安城南散心，因口渴而向一戶人家討水喝，招
待的少女粉頰白裡透紅，有如窗邊那爛漫的桃花，眉目含
情，凝睇含笑，卻靦腆不語。第二年的清明，崔護再次造
訪，只見灼灼桃花依舊搖曳，門庭如故，卻大門深鎖，不

---

12 我的名聲難道真能因詩文而流傳千古嗎？一說：我怎麼能夠只靠詩文著稱於
世？
13 我年老多病，也應該辭官退休了。一說：我真的已年老頹病到該辭官退休了
嗎？

見伊人倩影，不禁悵然地在門扉上題下了這首詩。這首詩以「人面桃花相映紅」寫出人與花的嬌艷，而「依舊笑春風」則表達了景物依舊、人事已非的悵惘，這是文學中常用的「今昔對比」寫作手法。此外，古文大家韓愈因排佛被貶所作的〈左遷至藍關示姪孫湘〉[14]，背後有很豐富的故事，代表著當時儒釋道之間的衝突矛盾：

> 一封朝奏[15]九重天[16]，夕貶潮州[17]路八千。欲為聖明除弊事，肯將[18]衰朽惜殘年。雲橫秦嶺[19]家何在？雪擁[20]藍關馬不前。知汝遠來應有意，好收吾骨瘴江[21]邊！

　　詩的一二句點出遭貶的原因，三四句說出自己對國家的忠心，就算是犧牲性命也不畏懼。五六句則是寫路途上無論是回顧家鄉或是前瞻去處，都是蒼茫的雲霧霜雪、險

---

14 左遷，貶官。唐憲宗元和十四年（西元 819）迎佛骨於鳳翔法門寺，大興佛事。作者時為刑部侍郎，上表進諫，觸怒憲宗而被貶為潮州刺史。藍關，即藍田關，在今陝西省藍田縣東南。湘，韓湘，韓愈姪韓老成之子，相傳為八仙之一。
15 早上上了一封奏摺，指其諫書〈論佛骨表〉。
16 古稱天有九層，第九層最高，此借指皇帝。
17 今廣東省潮陽縣。
18 怎麼肯因為。肯，豈肯。將，因。
19 終南山。
20 阻塞。
21 瘴氣籠罩的江邊。瘴，山林間溼熱蒸鬱的毒氣。指潮州，當時認為嶺南一帶多瘴氣。

阻重重。最後則是戚然的交代後事，使全詩在貶謫的沉痛
抑鬱中有著雄渾磅礴的氣象，故而被後人廣為傳誦。而新
樂府運動的大將白居易，他的長篇敘事詩〈長恨歌〉也是
膾炙人口之作，主要是根據唐明皇和楊貴妃的故事傳說進
行創作，在敘事過程中一再使用想像和虛構手法，且帶有
濃烈的抒情意味，使得全詩風情搖曳，生動流轉，極富藝
術感染力。其中部分詩句早已成為千古以來大家耳熟能詳
的名言，如：

> 漢皇[22]重色思傾國[23]，御宇[24]多年求不得。楊家有女[25]
> 初長成，養在深閨人未識。天生麗質難自棄，一朝
> 選在君王側。回眸一笑百媚生，六宮[26]粉黛[27]無顏

22 本指漢武帝，此處借指唐玄宗。
23 傾國傾城的絕色美女。
24 統治天下。
25 楊貴妃是蜀州司戶楊玄琰的女兒，幼時寄養在叔父楊玄珪家，小名玉環。
26 古代后妃們住的地方。
27 本為婦女的化妝品，代指為婦女。

色。……七月七日長生殿[28]，夜半無人私語時。在
天願作比翼鳥[29]，在地願為連理枝[30]。天長地久有時
盡，此恨綿綿[31]無絕期。

　　穆宗長慶以後，唐室中興成夢，士人生活走向平庸，
心態內斂，感情也趨向細膩，詩歌創作進入一個新的階段，
題材多狹窄，寫法多苦吟。此時唐朝已進入尾聲，各家詩
作都染上淡淡的感傷色調，猶如夕照映霞，聽到的是杳杳
向晚的鐘聲。杜牧、李商隱為此期的代表人物，合稱「小
李、杜」，以有別於李白、杜甫之合稱「大李、杜」。李
商隱詩造語精巧、浪漫唯美，工於用典，時或縹緲難解，
表現朦朧情思與朦朧境界，把詩歌表現心靈深層世界的能
力推向了無與倫比的高峰，創造了唐詩最後的輝煌。杜牧
則是五、七言古今體詩都有佳作，尤其是七絕更為擅長，
向來受到推崇，他和李商隱同為晚唐時期七絕成就最高的
詩人。今介紹其〈秋夕〉如下：

　　銀燭秋光冷畫屏[32]，輕羅[33]小扇撲流螢。天階[34]夜色
涼如水，坐看牽牛織女星。

28　建於天寶元年（西元 742），為祭神的宮殿。
29　雌雄並排齊飛的鳥。
30　兩棵樹不同根而枝幹彼此交錯糾結。
31　長久不止。
32　畫有圖案的屏風。
33　柔軟的絲織品。
34　露天的臺階，或指皇宮中的石階。

　　這是寫失意宮女生活的孤寂幽怨，雖然繡屏如畫，華燭高燃，卻帶著絲絲寒意。在百無聊賴的情況之下，只好持扇撲螢以排遣寂寞。直到夜已深沉，還枯坐著眺望牛郎織女星，流露出對愛情的嚮往，寫活了深宮秋冷的悲悽。首句寫秋景，用一「冷」字，暗示寒秋氣氛，又襯托出主人公內心的孤獨淒涼。二句寫借撲螢以打發時光，排遣愁緒。三句寫夜深仍不能成眠，以待臨幸，並以天階如水，暗喻君情如冰。末句藉牛郎織女的神話，一方面表現出對他們堅貞愛情的嚮往之意，同時也以此來抒發心中的悲苦。然而，即使只是單純地以「秋夜戲螢」來看本詩，也可說是一首頗富情趣的小詩。

《作　業》

1.**翻譯**：城闕輔三秦，風煙望五津。與君離別意，同是宦
　遊人。海內存知己，天涯若比鄰。無為在岐路，兒女共
　沾巾。

2.**翻譯**：玉階生白露，夜久侵羅襪。卻下水晶簾，玲瓏望
　秋月。

3.**翻譯**：細草微風岸，危檣獨夜舟。星垂平野闊，月湧大
　　江流。名豈文章著，官應老病休。飄飄何所似？天地一
　　沙鷗。

4.**翻譯**：一封朝奏九重天，夕貶潮州路八千。欲為聖明除
　　弊事，肯將衰朽惜殘年。雲橫秦嶺家何在？雪擁藍關馬
　　不前。知汝遠來應有意，好收吾骨瘴江邊！

5.**翻譯**：漢皇重色思傾國，御宇多年求不得。楊家有女初長成，養在深閨人未識。天生麗質難自棄，一朝選在君王側。回眸一笑百媚生，六宮粉黛無顏色。……七月七日長生殿，夜半無人私語時。在天願作比翼鳥，在地願為連理枝。天長地久有時盡，此恨緜緜無絕期。

6.**翻譯**：銀燭秋光冷畫屏，輕羅小扇撲流螢。天階夜色涼如水，坐看牽牛織女星。

古文選介

　　從東漢以來，文人為文崇尚華靡，到了魏晉時期，駢文寫作已逐漸成熟。南北朝時駢文進入了全盛期，已成為文壇主流。初唐陳子昂承繼南北朝蘇綽、隋代李諤反對六朝以來綺靡為文的主張，天寶至大曆年間，蕭穎士、李華、元結、柳冕等人相繼提倡儒道及散文，都是倡導「古文運動」的先驅。但是一直要到韓愈才真正為古文開闢了康莊大道，他呼籲散文的文體文風改革，主張恢復先秦、兩漢的文學特色：以質樸自然的散行單句為文。他既有卓越的理論，又有過人的創作，加上好友柳宗元全力支持呼應，以及一些才華高超、人數甚多的韓門弟子，如李翱、李漢、皇甫湜等持續推動，散文寫作開始受到重視。雖然在晚唐時駢文寫作又一度興盛，但到了宋代歐陽脩，因他自幼熟讀生平得到的第一部書《韓愈文集》，深受韓愈的影響，於是致力於發揚古文，古文創作終於蔚為風氣，成為文章正宗，對歷代文學的發展產生了重大的影響，今人將這一段歷程稱為「古文運動」。

　　古文運動就內容而言，是明道載道，把散文的寫作引向政教之用。這和當時的政治形勢有密切的關係，因為歷時八年的安史之亂，使盛唐時代強大繁榮的氣象一去不返，代之而起的是藩鎮割據、佛老蕃滋、宦官專權、民貧政亂以及吏治日壞、士風浮薄等一系列問題，整個社會已處於一種動盪不安的危險狀態。面對嚴峻的局面，一部分

士人如韓愈、柳宗元等人慨然奮起，思欲變革，以期王朝中興。中興的願望促成了儒學的復興，以及政治的改革。韓愈弘揚儒家道統的基本著眼點，是在解救現實危難。在韓愈看來，當時最大的危難是藩鎮割據和佛老蕃滋，前者「臣不臣」導致中央皇權的極大削弱；後者不僅和儒家思想立異，而且寺廟廣佔良田，僧徒不納賦稅，嚴重影響了國家的財政收入。兩者都與儒家思想衝突，因而都在批判之列。正是在這樣的背景之下，文體文風的改革得到了發展。

就形式而言，是由駢體轉變爲散體，是散文自身發展的一種要求。駢文句式多以四字句和六字句排比對偶，且喜用典故，追求詞藻的華麗。它的出現，突破了早期散文過於古樸簡單的格局，而向形式美方向發展，並且日益精緻，日益華美，從散文的藝術特質來看，這無疑是一種進步。然而，駢文發展到後來，弊端也隨之而生。如一味地講究形式和唯美，容易流於浮誇空疏，對偶惟求其工，四六句型限制了內容的充分表達；用典惟求其繁，不少篇章晦澀難懂，這些都成爲表達思想、反映現實的桎梏。韓、柳理論主張的核心是「文以明道」說，雖然主張「明道」是「爲文」的目的，「爲文」只是明道的手段，但是其古文理論卻投注更多的精神氣力在對「文」要怎樣才能寫得好這方面。古文運動雖然重視文學的教化功能，但是內容固然重要，藝術形式也不可忽略，如果寫出來的文章缺乏文采，充滿道學氣，不足以新人耳目，讓後學難以卒讀，則君子不爲，這些都是古文運動中的重要理論。也唯有讓

散文的寫作比駢文更適於發揚孔孟之道，古文運動才有可能成功。

今舉柳宗元所寫寓言故事〈三戒並序〉為例，其文字流暢、結構嚴謹、幽默犀利、人物鮮明，用以警惕仗勢欺人者。〈臨江之麋〉是寫恃寵而驕以致家犬不敢欺侮的麋鹿，最後被外犬所獵殺；〈永某氏之鼠〉則寫群鼠在舊房主縱容下橫行無忌、為所欲為、恣意破壞，最後被新房主徹底消滅之事。〈黔之驢〉寫虛有其表的驢子最後被老虎所啖，如今貴州山中那隻被老虎吃掉的笨驢，已成為某些外強中乾者的絕妙象徵，而「黔驢技窮」、「龐然大物」也成為富有形象性的成語被流傳下來。今引原文於下：

黔[35]無驢，有好事者船載以入。至則無可用，放之山下。虎見之，尨然[36]大物也，以為神，避林間窺知。稍出近之，憖憖然[37]莫相知。他日，驢一鳴，虎大駭遠遁，以為且噬[38]己也，甚恐。然往來視之，覺無異能者。益習其聲，又近出前後，終不敢搏[39]。稍近

35　今貴州省。
36　龐大的樣子。尨，音ㄆㄤ／，通「龐」字，巨大。
37　驚疑謹慎的樣子。憖，音一ㄣ丶。
38　音ㄕ丶，咬。
39　相鬥。

益狎，蕩倚衝冒[40]，驢不勝怒，蹄之。虎因喜，計
之曰：「技只此耳。」因跳踉大噉[41]，斷其喉，盡
其肉，乃去。噫！形之尨也類[42]有德，聲之宏也類
有能。向[43]不出其技，虎雖猛，疑畏卒不敢取。今
若是焉，悲夫！

　　這則寓言塑造了兩個生動的形象：一頭身體龐大卻蠢
笨無能的驢，一隻聰敏勇猛、生氣勃勃的虎。而蠢驢的形
象，正是當時社會上那些徒有外表實則虛弱無能的人，他
們不知「推己之本，而乘物以逞」，以致於落得可悲的下
場。中唐時期上層社會的豪門貴族以及與之勾結的藩鎮、
宦官中就有許多這類的人，柳宗元的〈黔之驢〉深刻地嘲
諷了他們。

---

40 形容老虎戲弄驢子的動作。蕩，搖動。倚，貼近。衝，衝上前。冒，冒犯。
41 音ㄉㄢ丶，吃。一說同「闞」，音ㄏㄢ丶，老虎大聲怒吼。
42 好像。
43 倘若，假如。

《作　業》

翻譯：黔無驢，有好事者船載以入。至則無可用，放之山下。虎見之，尨然大物也，以為神，避林間窺知。稍出近之，憖憖然莫相知。他日，驢一鳴，虎大駭遠遁，以為且噬己也，甚恐。然往來視之，覺無異能者。益習其聲，又近出前後，終不敢搏。稍近益狎，蕩倚衝冒，驢不勝怒，蹄之。虎因喜，計之曰：「技只此耳。」因跳踉大㘎，斷其喉，盡其肉，乃去。噫！形之尨也類有德，聲之宏也類有能。向不出其技，虎雖猛，疑畏卒不敢取。今若是焉，悲夫！

【延伸閱讀】請查閱柳宗元寓言〈三戒並序〉原文，瞭解其所諷刺的是哪三種人？

十一、唐代傳奇小說選介

　　唐傳奇是指唐代流行的文言小說，作者大多以「記」、「傳」名篇，以史家的筆法，來傳寫奇聞異事。小說在此之前，一直是「記異」、「記事」，是對鬼神或人事的忠實記錄；唐傳奇則不同，它是小說發展到了成熟的階段，作家自覺地、有意識地進行小說創作。小說不再是「記實」，而是要「虛構」了。從這個意義上說，傳奇突破了史傳文學記實的影響和束縛，那些取材於現實或有生活依據的故事，經過加工和虛構，也因而具有了空前的藝術魅力。和傳錄鬼怪異事、粗陳故事梗概的六朝小說相比，傳奇作者更注重作品的審美價值，和注重小說愉悅性情的功用，由此形成「作意好奇」（胡應麟《少室山房筆叢》）、「始有意為小說」（魯迅《中國小說史略》）的特點。在內容題材、情節結構、創作方法、語言文字等方面，都發生了根本性的變化和進步，標誌出中國短篇小說的成熟，是中國小說史上的第一個高峰，所以宋人洪邁說：「唐人小說，不可不熟，小小情事，淒婉欲絕，洵有神遇而不自知者[1]，

---

1 真的是神妙到渾然天成，卻不自覺。

與詩律可稱一代之奇。」，明代桃源居士也在〈唐人小說序〉說「唐三百年，文章鼎盛，獨詩律與小說，稱絕代之奇」，唐傳奇已成為唐代文學的代表之一。

編著的大型類書《太平廣記》一書裡。唐傳奇的發展大致經歷了三個時期。初唐、盛唐時代為唐傳奇的發軔期，也是由六朝志怪到成熟的唐傳奇之間的一個過渡階段，作品數量少，藝術表現上也還不夠成熟。在現存的幾篇主要作品中，王度的《古鏡記》，是記古鏡伏妖等靈異事跡，還保有六朝志怪小說的味道。1974 年林青霞第一部在台上映的電影《古鏡幽魂》[2]就是根據本篇小說改編而成。

從唐代宗到宣宗這一百年間的中唐時期是傳奇發展的興盛期，名家名作輩出，唐傳奇的大部分作品都產生在這個時期。中唐傳奇所存完整的作品約近四十種，題材多取自現實生活，涉及愛情、歷史、政治、豪俠、夢幻、神仙等諸多方面，其中以愛情小說的成就最為突出。陳玄祐的〈離魂記〉，寫

---

2 林青霞第一部拍攝的電影《窗外》完成後因故被禁演，所以本片是林青霞第一部在台上映的電影。

的是張倩娘爲追求自由愛情，衝破家庭的阻撓，靈魂竟脫離軀體而去，與情人結合而長相廝守。後返歸故里，與在閨房病臥數年的倩娘身軀「翕然[3]而合爲一體」，凸顯出對追求自由愛情的讚揚。李朝威的〈柳毅傳〉寫人神相戀故事，男主角柳毅性格豪俠剛烈的形象最爲突出，當他於涇陽邂逅遠嫁異地、被逼牧羊的洞庭龍女，得知她悲慘不幸的遭遇後，頓時「氣血俱動」，毅然不辭勞苦地爲之千里傳書，進而解救龍女之難，事成後，龍女叔父錢塘君逼婚，柳毅雖然對龍女有情，卻斷然拒絕，柳毅秉持的就是「某素以操貞爲志尚，寧有屈於己而伏於心者乎？」認爲自己一向以堅持正道爲抱負，怎可受人逼迫而隨意屈服、動搖心志。這個神怪愛情故事的男主角，具有是令人感佩的俠骨柔情。其後又幾經波折方與龍女成婚。本篇通過人物形象的塑造和波瀾起伏的情節描寫，將靈怪、俠義、愛情三者成功地結合在一起，展現出奇異浪漫的色彩和清新峻逸的風格，堪稱不可多得的佳作。

　　唐代愛情類的傳奇，觸及最多的社會現象還是「門閥」[4]和「科舉」這兩項制度，唐代文人爲求官運亨通，常娶高門世族之女，有時竟因此狠心捨棄愛情。以此爲題材的白行簡〈李娃傳〉是喜劇收場，蔣防的〈霍小玉傳〉、元稹的〈鶯鶯傳〉則是悲劇爲結局。霍小玉原爲霍王之女，只因其母是霍王侍婢，地位低下，小玉終被眾兄弟趕出王府，

---

3 合攏。翕，ㄒㄧˋ。
4 世代有功勳而顯貴的家族。唐人很注重身分地位，常以顯貴的家世背景爲榮。

淪為妓女。她與出身名門望族的隴西才子李益相識之初，即預感到自己「一旦色衰，恩移情替[5]」的命運，因此「極歡之際，不覺悲至[6]」，霍小玉只求能與李益共度八年的幸福生活，而後任他「妙選高門，以諧秦晉[7]」，自己則甘願出家為尼。然而，殘酷的現實很快粉碎了她的幻想，使她連這樣一點微小的希望也難以實現。曾發誓要與小玉「死生以之[8]」的李益一回到家就背信棄約，選聘世家大族盧氏為妻。小玉相思成疾，百般設法以求一見，李益總是避不見面。最後一黃衫豪士「怒生之薄行」，將李益強拉到小玉處，小玉悲憤交集，怒斥李益：

> 我為女子，薄命如斯！君是丈夫，負心若此！韶顏稚齒[9]，飲恨而終[10]。慈母在堂，不能供養。綺羅弦管，從此永休。徵痛[11]黃泉，皆君所致。李君李君，今當永訣！我死之後，必為厲鬼，使君妻妾，終日不安！

這段義正詞嚴的血淚控訴和強烈的復仇意緒，表現了

5　一旦年老色衰，李益的恩情就會轉移衰退。
6　在歡樂到極點的時候，不覺悲從中來。
7　挑選名門望族之女，結成秦晉之好。秦晉之好，意為春秋時秦晉兩國世為婚姻，後因稱兩姓聯姻為「秦晉之好」。
8　不論生死都會信守誓言。
9　指青春年少。
10　內心滿懷著怨恨或冤屈死去。飲恨：心裡懷著怨恨和冤屈。
11　謂受到懲罰，遭到痛苦。徵，通「懲」。

一個被愛情背叛的弱女子臨終前最大的憤怒和反抗。它展示給人們的，不只是一個多情女子的香銷玉殞，不只是李益之流的卑鄙無恥，而且整個人性和封建制度的醜惡。

霍小玉

〈李娃傳〉是白行簡採取民間傳說〈一枝花〉的故事所寫成，高門大族的滎陽鄭生赴京應試，與名妓李娃相戀。在資財耗盡後，被鴇母設計逐出，流浪街頭，成為喪葬店唱輓歌的歌手。一次他與其父滎陽公相遇，鄭父恨其自甘墮落，遂加以鞭笞，幾至於死。大難不死的鄭生，後淪為乞丐，風雪之時為李娃所救，李娃自贖，二人於是同居。在李娃的照料和勉勵之下，鄭生身體恢復，發憤讀書，終於登第為官，李娃也被封為汧國夫人。這是一篇以大團圓方式結局的作品，李娃雖然曾參與老鴇計逐鄭生，但也可從下面的字句中看出他對鄭生的真情：

　　（生）遂連聲疾呼：「饑凍之甚！」音響淒切，所
　　不忍聽。娃自閣[12]中聞之，謂侍兒曰：「此必生也，

---

12 樓房。

我辨其音矣。」連步而出，見生枯瘠疥癘[13]，殆非
人狀。娃意感焉，乃謂曰：「豈非某郎也？」生憤
懣[14]絕倒，口不能言，頷頤[15]而已。娃前抱其頸，以
繡襦[16]擁而歸於西廂。失聲長慟曰：「令子一朝及
此，我之罪也。」絕而復蘇[17]。

　　李娃對這位已「枯瘠疥癘，殆非人狀」的情人，不禁
生出強烈的憐惜之情和愧悔之心，「前抱其頸」，「失聲
長慟」，並「以繡襦擁而歸於西廂」，正顯出她內心深處
仍對滎陽生情意綿綿。此後李娃毅然與鴇母決絕，傾全力
照顧、支持鄭生，最後使他得以功成名遂。所以明朝時薛
近兗才聚焦於李娃「雪中救書生、繡襦擁以入」一段，鋪
設為〈繡襦記〉傳奇，將男主角命為鄭元和，使他們的故
事，在舞臺上演出感人肺腑的悲歡離合，直到今日。

　　晚唐傳奇雖然出現了由盛轉衰的局面，但並非沒有自
己的特色。隨著中唐以後藩鎮割據，所造成遊俠之風的盛
行，湧現出一批描寫豪俠之士及其俠義行為的傳奇作品，
內容涉及扶危濟困、除暴安良、快意恩仇、安邦定國等方
面。突出豪俠人格的剛毅不拔，武功的出神入化，功業的
驚世駭俗，由此展現出另一種俠義類型的傳奇。如〈紅線〉、

---

13 枯槁乾瘦，長滿疥瘡。
14 心中憤恨不痛快。懣，ㄇㄣˋ，悲哀氣憤充滿於胸中。
15 點頭。
16 繡花的短襖。
17 李娃哭得暈死過去又醒過來。蘇，醒。

〈聶隱娘〉、〈崑崙奴〉都是較有代表性的作品。而杜光庭所作的〈虯髯客傳〉，更是晚唐豪俠小說中最為著名的一篇。它是以楊素寵妓紅拂私奔李靖的愛情故事為線索，寫二人在赴太原途中與隋末豪俠虯髯客相逢，結為至交。虯髯客志向甚大，欲謀帝位，及見到李世民之後，為其英氣所折服，遂與李靖、紅拂慨然辭別，退避海上，另謀出路。這是三位極具英雄氣概的人物，後世譽之為「風塵三俠」。

《作　業》

1.**翻譯**：我為女子，薄命如斯！君是丈夫負心若此！韶顏稚齒，飲恨而終。慈母在堂，不能供養。綺羅弦管，從此永休。徵痛黃泉，皆君所致。李君李君，今當永訣！我死之後，必為厲鬼，使君妻妾，終日不安！

2.**翻譯**：（生）遂連聲疾呼：「饑凍之甚！」音響淒切，所不忍聽。娃自閣中聞之，謂侍兒曰：「此必生也，我辨其音矣。」連步而出，見生枯瘠疥癘，殆非人狀。娃意感焉，乃謂曰：「豈非某郎也？」生憤懣絕倒，口不能言，頷頤而已。娃前抱其頸，以繡襦擁而歸於西廂。失聲長慟曰：「令子一朝及此，我之罪也。」絕而復蘇。

十二、宋詞選介

　　在唐詩發展繁榮的同時，中國詩歌又出現了一種重要的新形式 ── 詞，若論及詞的起源，比較常見的說法是出於齊、梁樂府：齊、梁以後的樂府詩，爲了配合音樂的旋律變化，於是添加一些字詞，使句型有長短不齊的變化。但大多數人仍視之爲樂府詩的變體，一直到隋煬帝等人才確實依譜填詞。而在敦煌藏書中有現存最早的唐詞手抄本《雲謠集雜曲子》，輯錄了從盛唐至五代的民間曲詞，素樸自然，活潑生動，後人稱這些俚詞爲「敦煌曲子詞」。可見，按曲填詞，早已流行在教坊和民間。所以詞最根本的發生原理，也就在於以詞配樂，是詩與樂在隋唐時代以新的方式再度結合的產物。中國詩歌有與音樂相結合的傳統，但各階段詞與樂的性質及其配合方式有所不同。漢魏樂府，一般是先有歌詞，後以音樂相配。而唐五代詞是先有樂，後有詞。詞和音樂的關係密切，每首詞都有個表示音樂性質的調名，稱爲詞調、詞牌，如〈念奴嬌〉、〈清平樂〉等，它是寫詞時作爲依據的曲譜，並非題目，直到北宋蘇軾時才開始將表示涵意的題目寫於詞牌下。每個詞牌有固定的格律，字數、句數、平仄、用韻都有一定的格

式，寫詞時必須完全依照詞牌的規定，所以寫詞實際上是
「倚聲塡詞」。詞的數量單位是「闋」，詞中的每一段落
稱作「片」，一片即作爲一段，以兩片最爲常見，稱爲上、
下片，亦稱爲上、下闋。依照詞的結構、字數，大致區分
成三類，以五十八字以內爲小令，五十九字至九十字爲中
調，九十一字以上爲長調。大體上說，詞牌中的「令」多
半屬於小令；「引」、「近」屬中調；「慢」則是長調。

　　詞於初盛唐即已在民間和部分文人中開始創作，中唐
時，文人開始有意識地將詞視爲一種藝術，刻意創作，詞
的體制已基本建立，晚唐以至五代，詩人溫庭筠大量塡詞，
五代時，西蜀、南唐詞風鼎盛。詞的文人化程度加強，藝
術性更趨於成熟。詞，終於成爲五代、兩宋的代表文體。
因爲詞和音樂的關係密切，所以又有「曲子詞」、「樂府」
之稱。又因和唐詩同源，所以稱作「詩餘」。而且由於句
式長短不齊，因此也稱之爲「長短句」。

　　相傳盛唐時李白已塡有〈菩薩蠻〉、〈憶秦娥〉二詞，宋人黃昇在《唐宋諸賢絕妙詞選》一書中，推崇這兩首詞爲「百代詞曲之祖」。中唐時白居易所塡的〈花非花〉[1]一詞膾炙人口，在一千多年後，被譜爲藝術歌曲而傳唱不止。到了晚唐，杜牧、韓偓都塡過詞，而第一位全力大量作詞的詞家代表則非溫庭筠莫屬。溫庭筠現存詞六十多首，在唐代詞人中數量最多。後人輯有《溫飛卿集》。五代時期，後蜀趙崇祚所編的《花間集》中收錄十八家五百首詞作，多寫男女之情或離愁別恨，大多濃豔婉媚、香軟綺靡，於是後人稱這類的詞爲「花間詞」，這些詞人爲「花間詞派」或「西蜀詞派」。溫庭筠是花間詞派的代表人物，被尊爲「花間鼻祖」，他對婉約詞的發展有很大的影響。

　　溫庭筠的詞多寫女子，細膩地刻繪容貌、服飾和姿態，讓讀者在雕金鏤銀的描寫中，體會她們的閨情愁怨。例如他的〈更漏子〉這首詞是寫思婦的離愁，上闋從室內物象寫起，雖是溫暖祥和的場景，但孤獨的思婦輾轉難眠而容顏不整，鬢髮散亂，忍受著枕衾間的寒冷與痛苦；下闋通過寫思婦在室內聽到室外的雨聲來描摹人物的心情。全詞從室內物象到室外雨聲，從視覺到聽覺，從實到虛，構成一種濃鬱的愁境。：

1　「花非花，霧非霧，夜半來，天明去，來如春夢幾多時，去似朝雲無覓處」。意思是說似花又不是花，似霧又不是霧，半夜時到來，天明時離去。來時彷彿短暫而美好的春夢，離去時又像清晨的雲彩無處尋覓。有人認爲可能是白居易爲初戀情人湘靈所作，因兩人門第不諧，相會困難，白居易以用春夢、朝雲來形容相聚的短暫。

玉爐香，紅蠟淚，偏照畫堂[2]秋思[3]。眉翠薄，鬢雲殘[4]，夜長衾枕寒。梧桐樹，三更雨，不道[5]離情正苦。一葉葉，一聲聲，空階滴到明。

唐朝滅亡後，進入五代十國時期，天下動亂，只有西蜀和江南較為安定，西蜀以花間詞聞名，南唐詞家的地位和影響，更在花間詞人之上，其中代表人物就是南唐後主李煜。他多才多藝，詩文書畫音樂，均有很高的造詣。其詞在題材內容上前後期有所不同，前期詞寫宮廷享樂生活的感受，對於自己的沈迷與陶醉，毫不掩飾；後期詞作則寫亡國之痛，用血淚寫出了國破家亡的不幸，血淚至情，非常感人。所以王國維《人間詞話》說：「後主之詞，真所謂以血書者也。」遭遇國亡身辱之後，李煜後期詞作多抒亡國之悲痛、今昔之慨嘆，詞風變得沉痛哀傷、淒涼怨慕。相傳李煜四十二歲生日時，想到南唐亡後，含悲忍辱地苟活了近三年，心中更加鬱悶，就寫下了〈虞美人〉命樂妓傳唱，後為宋太宗所知，遂以

2　裝飾華美的居室。
3　指秋思的人。
4　眉黛褪色，鬢髮不整。翠，古代婦女用來畫眉的深青色顏料。殘，散亂。
5　不管、不顧、不理會。

毒酒牽機引賜死，這闋奪命詞是這樣寫的：

> 春花秋月何時了，往事知多少？小樓昨夜又東風，
> 故國不堪回首月明中。雕欄玉砌應猶在，只是朱顏
> 改。問君能有幾多愁，恰似一江春水向東流。

　　詞中不加掩飾地流露出故國之思，難怪引起宋太宗的
殺機。他並把亡國之痛和人事無常的悲慨融合在一起，把
「往事」、「故國」、「朱顏」等一去不返的悲哀，擴展
得極深極廣，最後的自問自答，滿腔憂憤，有如滔滔無盡
的江水，怒浪翻滾，一發不可遏抑，深切感人！

　　整個唐五代時期，詞的體式以小令為主，到了宋初，
詞人擅長和習用的仍是小令。直到柳永大力創作慢詞，從
根本上改變了唐五代以來詞壇上小令一統天下的格局，使
慢詞與小令兩種體裁平分秋色，齊頭並進。柳永長期生活
在都市裡，他的詞多方面展現了北宋繁華富裕的都市生活
和豐富多彩的市井風情，這方面的代表作首推〈望海潮〉，
這闋詞所寫的杭州美景「有三秋桂子，十里荷花。」甚至
還引起一百多年後的金主亮覬覦江南美景，而發起一場南
侵的戰爭。

　　蘇軾繼柳永之後，對詞體進行了全面的改革，提高了
詞的文學地位，使詞從音樂的附屬品轉變為一種獨立的抒
情詩體。詞在宋初文人心目中的地位，是不能與「載道」、
「言志」的詩文等量齊觀的。雖然柳永一生專力寫詞，推

蘇文忠公遺像

趙松雪摹

進了詞體的發展，但他仍未能提高詞的文學地位，這個任務就有待蘇軾來完成了。他將傳統的表現女性化的柔情之詞，擴展為表現男性化的豪情之詞，把傳統上只表現愛情之詞，變革為可以表現性情之詞，最終突破了詞為「艷科」的傳統格局，使詞像詩一樣可以充分地表現作者的性情懷抱和人格個

性。蘇軾用自己的創作實踐表明：詞是無事不可寫，無意不可入的。詞與詩一樣，具有充分表現社會生活和現實人生的功能。由於蘇軾擴大了詞的表現功能，豐富了詞的情感內涵，拓展了詞的時空場景，從而提高了詞的藝術地位，把詞堂堂正正地引入文學殿堂，使詞從「小道」提升為一種與詩具有同等地位的抒情文體。所以在蘇詞中，不是只有男女情愛的書寫，我們也可以看到他在面對人生困境時，所展現的樂觀信念和超然自適的人生態度，如當他和弟弟蘇轍都因被貶而相隔千里，無法聚首共度佳節，他仍能曠達地說出「人有悲歡離合，月有陰晴圓缺，此事古難

全。但願人長久，千里共嬋娟[6]」（〈水調歌頭〉）的話。而〈定風波〉藉途中遇雨之事，寫自身貶謫黃州之心境，作者借雨中瀟灑徐行之舉動，表現雖處逆境屢遭挫折，而不畏懼、不頹喪的倔強性格和曠達樂觀情懷：

> 莫聽穿林打葉聲，何妨吟嘯[7]且徐行。竹杖芒鞋[8]輕勝馬，誰怕？一蓑煙雨[9]任平生。料峭[10]春風吹酒醒，微冷，山頭斜照卻相迎。回首向來蕭瑟[11]處，歸去，也無風雨也無晴。

宋室南渡後的詞壇，雖然未出現堪與柳永、蘇軾並駕齊驅的大詞人，但巾幗詞人李清照，也使南渡詞壇放出明亮的光彩。李清照的情感世界是獨特的，她的藝術表現方式也是獨特的。她善於選取自己日常生活中的起居環境、行動、細節來展現自我的內心世界。例如「守著窗兒，獨自怎生得黑？」[12]（〈聲聲慢〉），傳神地表現出她初到南方時，不習慣夜雨淋漓的煩躁心理。又如「只恐雙溪舴艋舟，載不動，許多愁！」[13]（〈武陵春〉）短短三句，

6　美好的色態，這裏是形容月亮。
7　吟詩、長嘯。
8　草鞋也。
9　煙波風雨。
10　風寒的樣子。
11　風雨吹打樹林之聲。
12　獨自倚著窗兒，怎麼能捱到天黑啊！
13　只是深恐漂浮在雙溪上的小船，載不動我心中如此沉重的憂愁吧！

也將內心的猶豫和不堪負載的愁苦量化和具體化，既曲折生動又巧妙自然。而〈聲聲慢〉「尋尋覓覓[14]，冷冷清清，淒淒慘慘戚戚[15]。」一開頭就連用十四個疊字，從動作、環境到心理感受多層次地表現出寡居老人悶坐無聊、茫然若失而四顧尋覓的恍惚悲涼的心態，更是千古創格。此外，她所寫的〈一剪梅〉「才下眉頭，卻上心頭」，以八個字傳達出心理的曲折變化。其中「眉頭」與「心頭」相對應，而「才下」和「卻上」成起伏。這段經典名句，既淺白生動，又寓含深情，還被臺灣著名的小說、劇作家瓊瑤巧妙引用為流行歌曲的歌詞，即由歌手劉文正所唱的〈卻上心頭〉：「幾度回首幾度凝眸，幾度相思幾度愁？說也含羞，訴也含羞，望斷天涯何時休！此情無計可消除，才下眉頭，卻上心頭」。

> 紅藕香殘玉簟[16]秋。輕解羅裳，獨上蘭舟。雲中誰寄錦書[17]來？雁字回時[18]，月滿西樓。花自飄零水自流。一種相思，兩處閒愁。此情無計可消除，才下眉頭，卻上心頭。

---

14 感到空虛，若有所失，彷徨不安的樣子。這是寫心理，不是寫行動，不能理解為東翻西找。

15 憂愁悲傷。

16 席子的美稱。

17 書信的美稱。

18 群雁飛行時成人字形，此指雁兒回來傳遞書信。

《作　業》

1.**翻譯**：玉爐香，紅蠟淚，偏照畫堂秋思。眉翠薄，鬢雲
殘，夜長衾枕寒。梧桐樹，三更雨，不道離情正苦。一
葉葉，一聲聲，空階滴到明。

2.**翻譯**：春花秋月何時了，往事知多少？小樓昨夜又東風，
故國不堪回首月明中。雕欄玉砌應猶在，只是朱顏改。
問君能有幾多愁，恰似一江春水向東流。

3.**翻譯**：莫聽穿林打葉聲，何妨吟嘯且徐行。竹杖芒鞋輕
勝馬，誰怕？一蓑煙雨任平生。料峭春風吹酒醒，微冷，
山頭斜照卻相迎。回首向來蕭瑟處，歸去，也無風雨也
無晴。

4.**翻譯**：紅藕香殘玉簟秋。輕解羅裳，獨上蘭舟。雲中誰
　寄錦書來？雁字回時，月滿西樓。花自飄零水自流。一
　種相思，兩處閒愁。此情無計可消除，才下眉頭，卻上
　心頭。

【延伸閱讀】請查出陸游〈釵頭鳳〉創作的故事。

十三、元曲選介

　　王國維《宋元戲曲史》自序言：「凡一代有一代之文學：楚之騷，漢之賦，六代之駢語，唐之詩，宋之詞，元之曲，皆所謂一代之文學，而後世莫能繼焉者也。」作為有元一代文學的代表 —— 元曲，以其特殊的藝術成就，在中國文學史上佔有一席之地，人們常將其與唐詩、宋詞相提並論，視為古代文學藝術中三顆耀眼燦爛的明珠。

　　元曲元人稱為「樂府」或「今樂府」，可以分為雜劇和散曲兩種。以文藝格式分類，雜劇為綜合的戲劇表演，散曲為流行歌曲演唱；從音樂系統來看，二者同屬北曲系統的樂曲，所以統稱為曲。散曲之所以稱「散」，是與元雜劇的整套劇曲相對而言的。散曲中有小令、套數，皆不可換韻，只能歌唱，沒有科（動作）、白（對白）。小令如詞，風格清新，套數又稱散套，連結同一宮調的數支曲子為一套，猶如組曲，提供了劇曲的音樂基礎。散曲押韻比較靈活，可以平仄通押，句中還可以增加襯字，襯字可多可少，但只能用在句頭或句中。襯字，明顯地具有口語化、俚俗化，使曲意有明朗活潑流利的作用。散曲的內容涉及歌詠男女愛情，描繪江山景物，感慨人情世態，揭露

社會黑暗，抒發隱逸之思，乃至懷古詠史、刻畫市井風情等等方面。元代前期的散曲脫胎自民歌俚曲，多用口語方言，風格清新質樸，符合元曲本色，由關漢卿、馬致遠、白樸最享盛名。例如關漢卿的《不服老》套數，〈黃鐘尾〉一曲，把「我是一粒銅豌豆」七個字，增加襯字成為「我是個蒸不爛、煮不熟、捶不扁、炒不爆、響璫璫一粒銅豌豆」，這樣一來，顯得豪放潑辣，把關漢卿「銅豌豆」的性格，表現得淋漓盡致。又如被稱為「曲狀元」的馬致遠，與關漢卿散曲濃厚的市俗情趣相比，馬致遠的散曲則帶有更多的傳統文人氣息。他膾炙人口的〈天淨沙·秋思〉[1]，僅二十八字就勾勒出一幅黃昏秋野行旅圖，特別是首三句不以動詞作仲介，而連用九個名詞勾繪出九組剪影，交相疊映，創造出蒼涼蕭瑟的意境，映襯出羈旅天涯茫然無依的孤獨與彷徨。全曲景中含情，情自景生，情景交融，雋永含蘊。周德清《中原音韻》稱讚其為「秋思之祖」，王國維《宋元戲曲史》說它「純是天籟，彷彿唐人絕句。」就是從它自然渾成的藝術妙境給予高度評價

---

1 天淨沙：曲牌名。秋思：散曲的題目。

的：

　　枯藤老樹昏鴉[2]，小橋流水人家，古道西風瘦馬。夕
陽西下，斷腸人在天涯[3]。

　　後期散曲風格趨於雅正典麗，講究格律，有時則傷於
過度雕琢，漸漸失去質樸風貌的本色，這一時期的作家以
專力創作散曲的張可久最享盛名，張養浩、貫雲石、喬吉
等人亦爲名家。張養浩的散曲多寫寄情林泉之樂，但也不
乏關懷民瘼之作，如下面這首〈山坡羊·潼關[4]懷古〉，爲
張養浩的代表作之一，思想價值與藝術性均高，可算是元
代散曲中的佼佼者。題目是懷古，實際上是藉古傷今，對
因旱逃難，流離失所的飢民蒼生，發出深刻的感慨，是張
養浩晚年在陝西賑饑時所作，它最爲人稱道的，是能一針
見血地揭示出興亡後面的歷史真諦：「興，百姓苦；亡，
百姓苦。」這八個字，真的是鞭辟入裡，精警異常，有震
聾發聵之效：

　　峰巒如聚[5]，波濤如怒[6]，山河[7]表裡[8]潼關路。望西都

---

2 黃昏時歸巢的烏鴉。
3 形容極遠的地方。
4 在今陝西潼關縣內，雄踞陝西、山西、河南三省的要衝，是進入長安的門戶。
5 形容華山四周群山密集，地勢險要。
6 形容黃河水勢浩蕩，波濤洶湧。
7 華山和黃河。
8 內外。表爲外。指潼關地勢險要，外（表）有黃河，內（裏）有華山。

9，意踟躕[10]。傷心秦漢經行處[11]，宮闕[12]萬間都做了土[13]。興，百姓苦；亡，百姓苦。

中國的戲劇，其起源、形成，經歷了漫長的時期。從先秦歌舞、漢魏百戲、隋唐戲弄，發展到宋代院本，表演的要素日臻完善。金末元初時，文壇在唐代變文、說唱諸宮調等敘事性體裁的浸潤和啓示下，找到了適合於表演故事的文體，並與舞蹈、說唱、伎藝、科諢等表演要素結合爲一體，發展成爲一門獨立的藝術 ── 戲劇。由於宋金對峙造成南北阻隔，戲劇便出現了雜劇和南戲兩種類型，它們各有自己的表演特色，分別在南方和北方各自發展，漸趨成熟。所以在元代時中國戲劇藝術走向成熟，包括了雜劇和南戲兩種。雜劇風行於大江南北，以大都爲中心，它一般由四折組成一個劇本，每折相當於今天的一幕，演劇角色可分末、旦、淨三類。南戲流行於東南沿海，以杭州爲中心。劇本由若干「齣」組成，「齣」數不作規定，曲詞的宮調也沒有規定。南戲角色分爲生、旦、淨、末、丑等各類。從現存的劇本來看，元代戲劇的題材，包括愛情婚姻、歷史、公案、豪俠、神仙道化等許多方面。涉及的層面異常廣闊，展示出元代豐富多彩的生活和人物複雜微

9 指古都長安，即今西安。
10 猶豫，彷徨。此處形容思潮起伏，陷入沉思，表示心裡不平靜。
11 經行處，經過的地方。指秦漢故都遺址。
12 泛指皇家宮殿。
13 指無數的宮殿因改朝換代皆化爲塵土。

妙的精神世界。雜劇和南戲在唱腔上有明顯的區別，雜劇
的曲調是由北方民間歌曲、少數民族的樂曲和中原傳統的
曲調（包括宮廷、寺廟、民間音樂）結合而成。南戲的曲
調則由東南沿海的民間音樂與中原傳統的音樂結合而成。
雜劇有名的作家作品有關漢卿《竇娥冤》、鄭光祖《倩女
離魂》、王實甫《西廂記》、馬致遠《漢宮秋》等。南戲
有名的作家作品如高明《琵琶記》和作者待考的《荊釵記》、
《拜月記》等堪稱代表。

關漢卿是元代劇
壇最傑出的代表之
一，如同晚生他三百
多年的英人莎士比亞
一樣，兩人都是對戲
劇的發展有著巨大的
貢獻。他們同樣是社
會的失意人，也都終
生奉獻於戲劇創作，
莎士比亞一生完成了
三十多本劇本，而關
漢卿更多達六十多
本，是元代最多產的
作家。他們的作品，
題材廣泛，內容多
樣，甚至都還分別在

當時經濟繁榮的大城市倫敦和大都（今北京），親自粉墨登場，實際參與表演。

《竇娥冤》是關漢卿的代表作，寫於晚年，是元雜劇中最著名的悲劇，也是世界有名的悲劇。劇本通過青年婦女竇娥蒙冤而死的故事，揭示了元代社會的黑暗，表現了人民的反抗。《竇娥冤》全劇共四折一楔子。劇情梗概如下：流落在楚州的秀才竇天章，因欠當地蔡婆婆本利四十兩銀子無力償還，只得將七歲的獨生女兒端雲（後改名竇娥）賣給蔡婆婆作童養媳。竇天章又得到蔡婆婆十兩銀子作路費，自己赴京趕考去了。

十三年以後，蔡婆婆已遷居山陽縣。竇娥與蔡婆婆的兒子結婚不久就死了丈夫，婆媳二人相依為命。一天，蔡婆婆向賽盧醫討債，賽盧醫把蔡婆婆騙到郊外，企圖勒死她。恰巧遇見流氓無賴張驢兒和他的父親將蔡婆婆救下。張氏父子得知蔡婆婆家只有婆媳兩個寡婦，就強迫她們婆媳嫁給他們父子。蔡婆婆無奈，把張驢兒父子帶到家中，張驢兒死賴著不走，逼迫竇娥與他成婚，竇娥堅執不從。

一次，張驢兒趁蔡婆婆生病，向賽盧醫討來毒藥，暗中放在竇娥為蔡婆婆做的羊肚兒湯中，想毒死蔡婆婆，逼竇娥允婚。不料蔡婆婆嘔吐，把湯讓給了張驢兒的父親，張父一命嗚呼。張驢兒反咬一口，借機逼婚，逼婚不成，告到官府。楚州太守桃杌是個貪官污吏，他根本不聽竇娥據理申訴，就重刑拷打，竇娥怕年老的婆婆也遭拷打，就一身承擔了“藥死公公”的罪名，當即被判處死刑。

　　竇娥被押上刑場，她有冤難訴，氣憤得指天罵地，並且發下三椿誓願：一要開斬後鮮血飛上白練，半滴不落塵埃；二要六月降雪，掩埋屍骸；三要楚州三年大旱，以示懲罰。結果三椿誓願一一兌現，證明了竇娥的冤枉。

竇娥冤

　　竇娥死後三年，多年尋找女兒的竇天章，以提刑肅政廉訪使的職務，來到楚州視察刑獄，審理案卷，檢查貪官污吏。竇娥的冤魂出現，向父親控訴了冤情竇天章將張驢兒、賽盧醫、桃杌等人捉拿歸案，終於使奸人受懲，竇娥的冤案得以平反昭雪。

　　全齣的高潮是在竇娥臨刑前，把滿腔無處申張的冤屈，發下三願，這三椿誓願，一椿比一椿重大，一椿比一椿嚴厲。她百折不回的反抗精神也隨之步步昇華。第一椿誓願是「血濺白練」：

　　　【耍孩兒】不是我竇娥罰下這等無頭願[14]，委實的冤情不淺；若沒些靈聖與世人傳、也不見得湛湛青

---

14 以頭顱相拚的誓願。

天。我不要半星熱血紅塵灑,都只在八尺旗槍素練懸[15]。等他四下裡皆瞧見,這就是咱萇弘化碧[16],望帝啼鵑[17]。

第一樁誓願主要是為了辯白自己無罪,表現她對昏官枉判死刑造成冤案的反抗,她要把冤屈顯示給人民看,證明自己含冤而死,表示自己對誤殺的反抗。昏官不能為她申冤,她要向人民申冤,她要分清是非、黑白。

第二樁誓願是「六月飛雪」:

【二煞】你道是暑氣喧,不是那下雪天;豈不聞飛霜六月因鄒衍[18]?若果有一腔怨氣噴如火,定要感的六出冰花[19]滾似綿,免著我屍骸現;要什麼素車白馬[20],斷送[21]出古陌荒阡!

第二樁誓願有顯冤反抗的意味,顯示了她直接與官府鬥爭的鋒芒。她用三伏天降三尺瑞雪來顯冤,表示反抗,她用雪白的大雪掩蓋屍體來表示她的潔白、品德的高尚。

---

15 指鮮血都噴灑在旗桿上懸掛的八尺白布上。
16 周賢臣萇弘無辜被害,三年後其所流之血化為碧玉。
17 戰國末年,蜀王杜宇,號望帝,被逼傳位給臣子,後化成杜鵑鳥,日夜悲啼。
18 鄒衍,戰國時人。他對燕惠王很忠心卻被人誣害下獄,傳說他仰天大哭,夏天五月裡,天竟下霜。後來常用這個故事代表冤獄。
19 即雪花。它的結晶體多為六瓣,所以又叫做「六出花」。
20 指弔喪送葬的車馬。
21 送葬。

第三樁誓願是「亢旱三年」：

> 【一煞】你道是天公不可期[22]，人心不可憐，不知
> 皇天也肯從人願，做什麼三年不見甘霖降？也只為東
> 海曾經孝婦冤[23]。如今輪到你山陽縣。這都是官吏
> 每無心正法，使百姓有口難言。

這聲「這都是官吏每無心正法，使百姓有口難言」的
控訴，凸顯出官吏們不想公正地執行法律，正是竇娥悲劇
的根本原因所在，而且表明冤獄遍於元朝統治地區，已達
到了天怒人怨的地步。竇娥把矛頭直指貪官污吏，她要以
亢旱三年來懲罰、報復貪官污吏。

---

22 期盼。
23 漢代東海寡婦周青，孝養婆婆。婆婆為免拖累媳婦，故而自縊而死。周青被
　誣指為殺害婆婆，被判處死刑。死後，東海大旱三年，後冤情得雪，天才降
　雨。

《作　業》

1.**翻譯**：枯藤老樹昏鴉，小橋流水人家，古道西風瘦馬。夕陽西下，斷腸人在天涯。

2.**翻譯**：峰巒如聚，波濤如怒，山河表裡潼關路。望西都，意踟躕。傷心秦漢經行處，宮闕萬間都做了土。興，百姓苦；亡，百姓苦。

3.**翻譯**：不是我竇娥罰下這等無頭願，委實的冤情不淺；若沒些靈聖與世人傳、也不見得湛湛青天。我不要半星熱血紅塵灑，都只在八尺旗槍素練懸。等他四下裡皆瞧見，這就是咱萇弘化碧，望帝啼鵑。

4.**翻譯**：你道是暑氣喧，不是那下雪天；豈不聞飛霜六月
　　因鄒衍？若果有一腔怨氣噴如火，定要感的六出冰花滾
　　似綿，免著我屍骸現；要什麼素車白馬，斷送出古陌荒
　　阡！

5.**翻譯**：你道是天公不可期，人心不可憐，不知皇天也肯
　　從人願，做什麼三年不見甘霖降？也只為東海曾經孝婦
　　冤。如今輪到你山陽縣。這都是官吏每無心正法，使百
　　姓有口難言。

十四、宋元話本小說選介

柳敬亭說書場景

「說話」是唐、宋流行的一門說故事的技藝，是以聽眾為對象的說話、說唱藝術。宋、金、元時期，說話和說唱藝術日益繁盛，它們偏離了以「雅正」為宗旨的詩文創作傳統，演述著古今故事、市井生活。內容的世俗化、語言的口語化，是其一大特點。它們的成熟與發展，是因為城市經濟的繁榮，追求娛樂的市井聽眾的捧場，於是說話藝人逐漸增多，民間說話呈現出職業化與商業化的特點，這種以講故事為職業的人，稱之為「說話人」。而「話本」則是說話人用口語記錄的故事底本。說話人演說故事，需要一些備忘、提示、故事大綱、增進演說效果、激發聽眾興趣等用途的「底本」。這些底本的原始型態可能很單純，只要演說故事的人看得懂，運用順暢，能達到

說話人預期的效果就行了。但隨著這種行業的蓬勃發展，演說故事的技巧與所演說故事的內容在聽眾的期待以及同行競爭的壓力下，需要持續不斷的改進才能吸引聽眾，因此演說技巧要講究，故事的內容更要精彩。這種行業剛開始時，「話本」可能是說話人自己編寫的，內容也只是一些備忘、大綱而已。等到此一行業流行之後，也許有些說話人仍然自己編寫「話本」，但品質需不斷改良才能維持競爭力。然而由於「說話」的市場需求愈來愈大，便出現了專門為說話人編撰故事的「書會」，通常他們只提供故事的大綱，說話人憑自己的絕妙口才，臨場發揮，增進效果，並不單靠「話本」來照本宣科。現在我們所看到的宋元話本都是極為成熟、精彩的作品，是經過了一再的改進提昇、集合口耳相傳、師徒相承，累積多人智慧而形成的集體創作之作品。

當時的「說話」，有小說、說經、講史、說鐵騎兒四類之分。小說以講煙粉、靈怪、傳奇、公案等故事為主，如〈錯斬崔寧〉、〈碾玉觀音〉。說經，即演說佛書，如〈大唐三藏取經詩話〉。講史，則說前代興廢爭戰之事，如〈五代史平話〉。說鐵騎兒，主要是指講述取材於宋代農民起義或抗金抗遼的英雄傳說和戰爭故事。在四大家中，以小說、講史的影響最大，其中尤以小說家最有勢力。講史的底本為講史話本，自元代開始叫做「平話」（「平」就是「評」，因為講史通常是有講又有評，所以才叫做「評話」，簡稱為「平話」）。「平話」是講述長篇的歷史故

事，取材於歷史，後來發展爲章回體的長篇小說；另一類篇幅短小的小說話本，通常被稱爲小說，又稱爲「短書」，它對中國古代白話短篇小說的發展有著直接而深遠的影響。白話短篇小說的發展，從宋元小說話本開始，主要經歷了三個階段，即由宋元小說話本開始，發展到明末的「三言」[1]、「二拍[2]」。其後又發展到以李漁爲代表的明末及清代的其他白話短篇小說。

　　宋代說話人的忠實聽眾是廣大的中下層市民，因此內容以反映平民的生活環境和心聲爲主。像〈碾玉觀音〉中的璩秀秀，出身於貧寒的裝裱匠家庭，生得美貌出眾，聰明伶俐，更練就了一手好刺繡。無奈家境窘迫，其父以一紙「獻狀」將她賣與咸安郡王，被郡王取名爲「秀秀養娘」。從此，正值豆蔻年華的秀秀，雖身入侯門，失去自由，但她並未因此而喪失對愛情生活的主動追求。後因玉工崔寧手藝高超，所以郡王曾親口答應他與秀秀未來的婚事。其後郡王府失火，逃命之際，秀秀遇見了年輕能幹的碾玉匠崔寧，看他誠實可靠，便主動提出：

　　　　秀秀道：「你記得當時在月臺上賞月，把我許你，

1　宋元兩代的話本，最初都是以單篇形式流傳，至明代中葉後，開始由文人匯集成書，刊行於世，其中，頗受大家歡迎、注意的即是馮夢龍蒐集宋元明的話本加以整理、修裁、潤色，或者自行取材創作的擬話本小說《醒世恒言》、《警世通言》及《喻世明言》。

2　明末凌濛初所著《初刻拍案驚奇》與《二刻拍案驚奇》各四十卷。

你兀自³拜謝。你記得也不記得？」崔寧叉著手只應
得喏⁴。秀秀道：「當日眾人都替你喝采好對夫妻，
你怎地到忘了！」崔寧又則應得喏。秀秀道：「比
似只管等待，何不今夜我和你先做夫妻。不知你意
下何如！」崔寧道：「豈敢！」秀秀道：「你知道
不敢，我叫將⁵起來，教壞了你。你卻如何將⁶我到
家中？我明日府裏去說。」崔寧道：「告小娘子：
要和崔寧做夫妻不妨；只一件，這裏住不得了。」

　　從這段對話，鮮明地凸顯了秀秀的熱情潑辣與崔寧的
怯懦憨厚，小說的主題是女主角璩秀秀大膽追求婚姻自由
與幸福的歷程，顯然，璩秀秀的行動，與「詩禮傳家」的
閨秀們大相逕庭。作者對她的肯定，實際上是為廣大的平
民百姓一吐心聲，以博得眾人的共鳴。

　　小說話本的另一突出內容是公案故事。宋元時代，官
府昏庸、吏治腐敗現象日趨嚴重，是導致大量公案故事產
生的主要原因。它反映出民眾對不公平、不合理現象的關
注，以及對生存權利、社會治安的深重憂慮。像〈錯斬崔
寧〉，講述由一起命案引發的一段冤情，就頗有典型意義。
作品中的劉貴酒後失言，致使其妾陳二姐以為丈夫要賣掉

3　公然。
4　口ㄜ∨，敬辭。
5　叫了。將，動詞補語，表示完成狀態。
6　持、拿，引申為「帶」。

自己，連夜逃走。結果，醉而未醒的劉貴被小偷謀財害命。案發後，涉嫌殺人在逃的陳二姐與她剛在路上結識的崔寧雙雙被捉拿歸案。所謂「無巧不成書」，情節之「巧」是這篇小說的一大特色。它通過一系列巧合的事件構成整篇小說。劉貴的丈人給劉貴的錢是十五貫，崔寧賣絲的錢剛好也是十五貫；劉貴的十五貫被盜，本人被殺，妾陳二姐回娘家途中偏偏又碰上了身帶十五貫的崔寧；崔寧賣絲後要往褚家堂去，陳二姐的爹娘也在褚家左側，於是兩人得以同行，這一連幾個巧合就促成了一場冤案。所以在昏官的嚴刑逼供之下，屈打成招，被判死刑。這個故事應該是對南宋某些地方官吏濫用權柄、任意用刑的實際反映。故事在前半部分對封建官府的草菅人命作了深刻的揭露，作者甚至還抑制不住情緒，直接站出來加以批判說：

> 這段公事，果然是小娘子與那崔寧謀財害命的時節，他兩人須連夜逃走他方，怎的又去鄰舍人家借宿一宵？明早又走到爹娘家去，卻被人捉住了？這段冤枉，細細可以推詳出來，誰想問官糊塗，只圖了事，不想捶楚[7]之下，何求不得！冥冥之中，積了陰德，遠在兒孫近在身。他兩個冤魂也須放你不過。做官切不可率意斷獄，任情用刑，也要公平明允，道不得個死者不可復生，斷者不可復續。

---

7 杖擊、鞭打。為古代刑罰之一。

小說插入了說話人的一段評論，雖然有些積陰德、報應的思想，但也指出了冤獄的疑點，更反映了當時人民對任意殺害無辜的統治者的指斥和憤恨，表現了說話人對人民的同情，所以篇名用「錯斬」二字，以凸顯出冤獄的性質。本篇到了明朝收入《醒世恒言》中，題目變成了〈十五貫戲言成巧禍〉，凸顯出篇末散場詩「勸君出話須誠實，口舌從來是禍基。」所言，勸人要慎言以免釀禍的思想。

《附錄》話本小說的結構形式 ─

1.開場詩：

話本篇首一開始，通常以一首詩或詞，或一詩一詞為開頭。其中有的是說話人自作的，有的是用古人之作，而多半是念白而不是唱詞。它的作用可以是點明主題、概括全篇大意；也可以造成意境、烘托情趣；也可以抒發感慨，從正面或反面陪襯故事的內容。

2.入話：

在篇首的詩詞之後，正文的故事之前，通常有「入話」和「頭回」。「入話」就是接在篇首的詩詞之後，用來解釋，特別是作一番議論的段落。

3.頭回：

「頭回」（或名為「得勝頭回」）是在正文還沒有開

講之前，先講一個小故事。這「頭回」的主題可能和正文相似，那是襯托；也可能和正文相反，那是對比。說話人多不願意把正文開始得太早。有了「入話」和「頭回」就可以拖延時間，因爲剛開始的時候，聽故事的人來得不多，而又不能不講些故事，因此便先講「頭回」的小故事，讓聽眾先培養一下情緒，也讓說話人顯露一下才學。

4.正文：

等到聽眾到得差不多時，才開始講「正文」—— 故事的核心。「入話」和「頭回」都講過之後才「閒話休提，言歸正傳」。有些故事較長的話本，不是一次可以演說完的，說話人爲了確保聽眾下次再度前來，往往會在故事高潮、精彩之處打住，便是「欲知後事如何，且聽下回分解」以便吸引聽眾，賺錢維生。

5.散場詩：

話本小說的結尾大體上亦以詩詞作結束，稱之爲「散場詩」，通常是全篇故事的大綱或評論。

《作　業》

閱讀〈錯斬崔寧〉（即〈十五貫戲言成巧禍〉）原文，
並說明你對「禍從口出」一語有何體會？

十五、明代文學選介

　　明代在詩、詞、古文的創作方面，顯然無法和先秦、兩漢、唐、宋相提並論。但是它卻另闢蹊徑，讓生機蓬勃的小說、戲劇熱熱鬧鬧地登上文壇，扮演起主角。而在傳統古文中只是小門小戶的小品文，也悄悄地在晚明人性自覺與追求性靈的思潮推湧之下，爲散文爭得一席之地，讓後人在欣賞明代通俗文學的絢麗光芒時，也不禁爲它的生活化、個人化以及清雅妙趣的風格所吸引。

小品文選介

　　明代自成祖永樂年間到憲宗成化年間的幾十年，由於政治太平，散文趨於平易雍容，以館閣重臣楊士奇、楊榮、楊溥爲主的臺閣體風行一時，可惜文章多歌功頌德、粉飾太平之作。弘治、正德年間，茶陵派領袖李東陽，力圖以典雅流麗匡正臺閣體的貧弱之病，可惜其創作仍未能完全擺脫臺閣習氣。其後，以李夢陽、王世貞等人爲代表的前後七子，左右文壇達一百多年。他們標舉「文必秦漢，詩必盛唐」的文學復古口號，但由於他們過分注重法度格調等創作規則，從而陷入了擬古的窠臼而難以自拔。到了神

宗萬曆時期，由袁宗道、袁宏道、袁中道三袁兄弟領導的「公安派」，起而反對前、後七子，主張「獨抒性靈，不拘格套」，開拓了小品文的領域，也讓它成了代表晚明的散文。

　　顧名思義，小品文的體制較爲短小精練，與長篇大論的「春容大篇」有所區別。在體裁上則不拘一格，序、記、跋、傳、銘、贊、尺牘等文體都可適用。小品文在晚明時期趨向興盛，與當時文人文學趣味發生變化有著密切的關聯，人們的欣賞視線從往日莊重古板的「高文大冊」，轉移到了輕俊靈巧而有風韻神情的「小文小說」，從而擴大了小品文欣賞的讀者群和創作的數量。

　　晚明小品文內容題材上的一個顯著特點是趨於生活化、個人化，不少作家喜歡在文章中反映自己的日常生活狀貌及趣味，滲透著晚明文人特有的生活情調。在表現生活化、個人化情調的遊賞之作中，張岱的作品尤顯出色。這位明朝遺民，在〈自題小像〉中自我調侃道：

陶菴張長公小像

　　功名耶[1]，落空；富貴耶，如夢；鋤頭耶，太重；忠臣耶，怕痛；著書二十年耶而僅堪覆甕[2]，之人耶，

---

1 同「邪」，表示感嘆的語氣。
2 覆蓋大甕。甕，ㄨㄥˋ。

有用沒用？

　　寥寥數語，卻率真直露，把真情實感表露無遺。這位天才型的文學家，有極顯赫優渥的家境，性格又狂放不羈，所以自中秀才後的鄉試，都故意不遵守考場規定而任意作答，結果最後只能以「格不入試」落榜。明亡後，散盡家產抗清不成，他沒有殉國，卻過著窮苦躬耕的日子，還自號為「六休居士」。所謂「六休」指的是：

　　粗羹淡飯飽則休，破衲[3]鶉衣[4]暖則休，頹垣敗屋[5]安則休，薄酒村醪[6]醉則休，空囊赤手省則休，惡人橫逆避則休。

　　在飽經滄桑之後，物質缺乏又兼惡人傾軋，但是張岱能忍自安，且不失他的幽默天性，這是何等的灑脫、幽默！

戲曲選介

　　發源於宋元的南戲，帶有濃厚的南方戲劇特色，但又融合了北曲聲腔和元雜劇精華的藝術樣式，不僅劇情更曲折、豐富，角色或分唱，或合唱，形式更為多樣。到了明

3　有很多補綴的衣服。
4　鶉鳥尾巴光禿，似縫補的衣服，故以鶉衣比喻破爛不堪的衣服。
5　倒塌的圍牆、破敗的屋子。
6　混合渣滓的濁酒。

代，南戲衍變爲「傳奇」，吸引更多文人投入音律、形式的研究、改良與創作，也提高了文學地位，迅速發展爲明清兩代的全國性大型戲曲。傳奇原本有海鹽、餘姚、弋陽、崑山等地方聲腔各據一方，形成百花爭艷的局面，最後由崑腔統一南北曲，獨霸劇壇達三百年之久。明中葉後，湯顯祖的《牡丹亭》成爲明代傳奇劇本的典範作品。一些中外學者曾將湯顯祖與莎士比亞進行平行比較，認爲這兩位戲劇大師在十六世紀與十七世紀之交的東西方劇壇上，各自完成了東西方的愛情神話《牡丹亭》和《羅密歐與茱麗葉》。《牡丹亭》上承《西廂》，下啓《紅樓》，明代的沈德符說：「《牡丹亭》一出，家傳戶誦，幾令《西廂》減價。」（《顧曲雜言》），可見《牡丹亭》受歡迎的程度。《牡丹亭》不僅被戲劇界爭相傳唱，盛演不衰，還不斷被翻譯成各國文字，在國外演出，因而被尊稱爲中國的「莎士比亞」。近年來，經過作家白先勇的努力，青春版《牡丹亭》從兩岸到美國、英國、法國、荷蘭等國家，作了上百場演出，這部中國版的《羅密歐與茱麗葉》，已然成爲全球美學的課程與教材。

　　本劇描寫南宋時期的貧寒書生柳夢梅，夢見在一座花園的梅樹下立著一位佳人，說同他有姻緣之分，從此經常思念她。而南安太守杜寶獨生女杜麗娘一日在花園中睡著，與一名年輕書生在夢中相愛，醒後終日尋夢不得，抑鬱而終。杜麗娘臨終前吩咐將自己的畫像封存並埋入亭旁。三年之後，嶺南書生柳夢梅赴京趕考，適逢金國在邊

境作亂，杜麗娘之父杜寶奉皇帝之命赴前線鎮守。其後柳
夢梅發現杜麗娘的畫像，杜麗娘化爲鬼魂尋到柳夢梅並叫
他掘墳開棺，杜麗娘隨之復活，兩人於是結爲夫妻，前往
臨安。杜麗娘的老師陳最良看到杜麗娘的墳墓被挖掘，就
告發柳夢梅盜墓之罪。柳夢梅在臨安應試後，受杜麗娘之
託，送家信傳報還魂喜訊，結果被杜寶囚禁。放榜後，柳
夢梅由階下囚一變而爲狀元，但杜寶拒絕承認女兒的婚
事，強迫她離異，糾紛鬧到皇帝面前，杜麗娘和柳夢梅二
人才終成眷屬。

〈驚夢〉是寫對美和愛的發現與擁抱，這是對自然、
青春和愛情的禮讚，在閨中思春、傷春的麗娘，來到花園
不禁驚嘆：「不到園林，怎知春色如許！」：

> 【皂羅袍】原來姹紫嫣紅[7]開遍，似這般都付與斷井
> 頹垣。良辰美景奈何天，賞心樂事誰家[8]院！……朝
> 飛暮卷，雲霞翠軒；雨絲風片，煙波畫船。錦屏人[9]
> 忒[10]看的這韶光賤。

這不僅僅是對春光之美無人識得的嘆息，更重要的是
對自身之美無人憐惜的感喟。整體浸潤著浪漫主義的感傷

---

7 花色鮮豔的樣子。
8 哪一家。
9 深閨中人。
10 ㄊㄜˋ，太。

之美、追求之美、情愛之美和理想之美。

章回小說選介

　　在傳統的中國文學觀念中，以詩文爲代表的雅文學一向是正宗，而小說、戲曲等俗文學則被視爲鄙野之言。在明代能夠比較明確地肯定俗文學的價值，是從李夢陽、何景明等人開始的。他們都讚揚民間歌謠，李夢陽還第一次將《西廂記》與《離騷》並列。到嘉靖年間，王慎中、唐順之等一批名士，又將《水滸傳》與《史記》並稱。後來李贄、袁宏道、湯顯祖和馮夢龍等人，更進一步爲俗文學大聲疾呼，對於提高小說、戲曲的地位，打破傳統的偏見起了十分重要的作用。李贄認爲，一代有一代的文章，《西廂記》、《水滸傳》就是「古今至文」。袁宏道也把詞、曲、小說與《莊子》、《離騷》、《史記》、《漢書》相提並論，並且稱《水滸傳》、《金瓶梅》爲「逸典」[11]。湯顯祖在〈宜黃縣戲神清源師廟記〉等文中，詳細地論述了戲曲具有強烈的藝術感染力和巨大的社會教化作用，認爲是「豈非以人情之大寶，爲名教之至樂也哉」[12]。馮夢龍的〈古今小說序〉也從教化功能出發，認爲《論語》、

---

11 散逸的典籍。是指前人未認清這兩部書的價值，使得這兩部書猶如散逸的典籍。

12 戲曲一道能開啓人情之大寶，所以能使人快樂地接受教化。也就是說，名教必須與人情相通，才可以愉快地實現。將人情與名教溝通，是湯顯祖重要的藝術理論。寶，中空可通知孔穴。

《孝經》等經典的感染力都不如小說「捷且深」[13]。他們
的這些言論，在當時極具有震聾發聵的意義，這是中國文
學史上第一次為小說、戲曲、民間歌謠等俗文學，爭取文
學地位的思潮。這種思潮是和當時經濟發展、城市繁榮所
造成市民階層的壯大，因而更迫切需要具娛樂效果的通俗
文學有關。於是新的讀者群和作家群的形成，造成文學的
世俗化、商業化，自然地促進了小說、戲曲和各類通俗文
學創作的繁榮。

　　在各類通俗文學中，小說的勃興尤其引人注目。明代
對中國文學所作出最寶貴的貢獻是完成章回小說的發展和
定型，它的特色是分章敘事，分回標目，每回故事相對獨
立，段落整齊，但又前後勾連、首尾相接，將全書構成統
一的整體。元末明初小說延續著宋、元話本的白話文學路
線發展，由《三國演義》總結說話文學，以淺近文言奠定
歷史章回小說的基礎，與白話的《水滸傳》共同完成長篇
章回小說形式。而《西遊記》也在宋元話本的基礎上以豐
富奇偉的想像力，開拓了神怪小說新境。其後《三言》、
《二拍》等上承宋、元話本，是反映當時社會現實的擬話
本[14]白話短篇小說集。

　　《三言》是馮夢龍所編《醒世恒言》、《警世通言》
及《喻世明言》三部小說集的總稱，每集四十篇，共一百

---

13 快速又深入。
14 「擬話本」之名最先由魯迅在《中國小說史略》中提出，是指「擬宋市人小
　　說」之類的小說。

二十篇。這些作品有的是輯錄了宋元明以來的舊本，但一般都作了不同程度的修改。其中也有的是根據文言筆記、傳奇小說、戲曲、歷史故事，乃至社會傳聞再創作而成，因此《三言》包含了舊本的彙輯和新著的創作，是中國白話短篇小說在說唱藝術的基礎上，經過文人的整理加工到文人進行獨立創作的開始，它的出現標誌著古代白話短篇小說整理和創作高潮的到來。而《二拍》是淩濛初所著《初刻拍案驚奇》與《二刻拍案驚奇》的簡稱，各有四十卷。它和《三言》不同，基本上都是作者「取古今來雜碎事可新聽睹[15]、佐談諧者[16]，演而暢之」的創作，（〈二刻拍案驚奇小引〉）。它已經是一部個人的白話小說創作專集，它的問世標示著中國短篇小說的創作進入了一個新的階段。《二拍》所反映的思想特徵與《三言》大致相同，藝術水準也在伯仲之間，因此在文學史上，一般都將兩書並稱。明末時，有署名「姑蘇抱甕老人」者，見兩書「卷秩浩繁，觀覽難周。」（笑花主人〈今古奇觀序〉），故從中選取四十篇成為《今古奇觀》，此後，它就成為一部流傳最廣的白話短篇小說的選本。

在《三言》、《二拍》中，描寫戀愛與婚姻的題材佔了很大的比重，成就也最高、也最膾炙人口。這類小說常歌頌婚戀自主、張揚男女平等，在描寫愛情故事時，還具有尊重女性的意識，顯現出男女平等的思想。如在〈滿少

---

15 可以一新耳目的事。
16 有助於談天說地的事。

卿饞附飽颺〉中就兩性問題曾有這樣一段議論：

> 卻又一件，天下事有好些不平的所在！假如男人死了，女人再嫁，便道是失了節，玷了名，汙了身子，是個行不得的事，萬口訾議[17]。及至男人家喪了妻子，卻又憑他續弦再娶，置妾買婢，做出若干的勾當，把死的丟在腦後不提起了，並沒人道他薄倖負心，做一場說話。就是生前房室之中，女人少有外情，便是老大的醜事，人世羞言。及至男人家撇了妻子，貪淫好色，宿娼養妓，無所不為，縱有議論不是的，不為十分大害。所以女子愈加可憐，男子愈加放肆，這些也是伏不得女娘們心裡的所在。

這段話公開抨擊了封建社會中，以男子為中心的傳統觀念。鄭重地呼喊著兩性關係的平等。在這樣的思想基礎上，《三言》、《二拍》有的小說不僅僅表現了女性婚戀的自主和平等，同時也讚頌了女性為追求人格的尊嚴而進行的不屈不撓的奮鬥。例如〈杜十娘怒沈百寶箱〉中的，就是一個維護女性人格尊嚴的典型，是明代擬話本的代表作，也是一篇傑出的悲劇文學作品。故事敘述京城名姬杜十娘，與監生李甲相遇，進而相愛。而十娘早有從良之志，於是拿出三百金給李甲為她贖身，預備與他廝守一生。不

---

17 指責、批評。訾，ㄗˇ。

料在同往吳越的途中，李甲竟受鹽商子弟孫富的誘騙，將十娘賣給孫富，十娘萬念俱灰，與所攜帶的珠寶箱一起投入江中。杜十娘並不像傳統文學作品中的妓女那樣以「從良」為人生的目標。她追求的是一種建立在人格平等和相互尊重基礎上的愛情。但當她一旦發現自己誤認為「忠厚志誠」的愛戀對象李甲，竟以千金的代價轉賣了自己的時候，並沒有用價值連城的百寶箱去換取負心漢的回心轉意，也沒有含羞忍辱地去當孫富的玩物，而是對著李甲感嘆道「郎君……負妾一片真心」，於是將百寶箱一層層打開，亮出箱中珍寶，只見「翠羽明璫[18]，瑤簪寶珥[19]」、「玉簫金管」、「古玉紫金玩器」、「夜明之珠，約有盈把。其他祖母綠、貓兒眼，諸般異寶，目所未睹」，再一層層、一件件地將寶物投進江中，李甲不覺大悔，抱著十娘慟哭。十娘推開李甲，義正辭嚴地先痛罵孫富「破人姻緣，斷人恩愛」，而後再怒斥李甲「妾櫝[20]中有玉，恨郎眼內無珠。」，然後和百寶箱一起怒沈江底，用生命來維護自己的愛情理想與人格尊嚴。

18 以明珠做成的耳飾。
19 用珠玉作成的耳環。
20 ㄉㄨˊ，木製的盒子。

《作　業》

翻譯：原來姹紫嫣紅開遍，似這般都付與斷井頹垣。良辰美景奈何天，賞心樂事誰家院！……朝飛暮卷，雲霞翠軒；雨絲風片，煙波畫船。錦屏人忒看的這韶光賤。

【延伸思考】「問世間情為何物？直教人生死相許！」感
情問題始終是人生一門艱難的功課。杜十娘以真心換得李
甲的負心，情何以堪？然而最後十娘以死來表達內心無比
的沉痛與悲憤，這樣的犧牲未免太不值得了，你認為她是
否有更好的選擇？

十六、清代文學選介

　　清代是一個總結古典文學的時代，舉凡以往各代曾經盛行過、輝煌過的文學體裁，大都在清代文壇上佔有一席之地。一方面是元明以來新興的小說、戲曲，入清之後依然蓬勃發展，另一方面是元明以來已經呈現弱勢的詩、古文，乃至已經衰落下來，屈居於陪襯地位的詞、駢文，到了清之後又重新振興起來。例如古文有綿延二百餘年，以方苞、劉大櫆、姚鼐為首的「桐城派」；詩有吳偉業的〈圓圓曲〉等歌行詩和王士禎的神韻詩；詞有陳維崧的登臨懷古詞和納蘭性德的出塞悼亡詞，戲劇方面有南洪北孔，戲劇雙璧洪昇的《長生殿》和孔尚任的《桃花扇》；駢文方面有汪中、王闓運堪稱大家；文言小說中有蒲松齡的《聊齋志異》和紀昀的《閱微草堂筆記》；白話章回小說有吳敬梓的《儒林外史》和曹雪芹的《紅樓夢》。所以郭紹虞在其《中國文學批評史‧緒論》中論及清代學術之集大成時說：「就拿文學來講，周秦以子稱，楚人以騷稱，漢人以賦稱，魏晉六朝以駢文稱，唐人以詩稱，宋人以詞稱，

元人以曲稱，明人以小說、戲曲或制藝[1]稱，至於清代的文學則於上述各種中間，或於上述各種之外，沒有一種比較特殊的足以稱爲清代的文學，卻也沒有一種不成爲清代的文學。蓋由清代文學而言，也是包羅萬象而兼有以前各代的特點的。」正是指出清代文學可以說是以往各類文體之總匯，呈現出一種蔚爲大觀的集大成景象。

　　明清鼎革之際，中原板盪，喚起了漢族的民族意識與文人的創作才情，給文學注入了新的生命。於是遺民詩人在詩歌裡抒發家國之痛，產生了富有民族精神和忠君思想沈痛的作品。這些作品或悲思故國，或謳歌貞烈，或譴責清兵，或表白氣節，具有抒發家國之悲和同情民生疾苦的共同主題，體驗深切，感情真摯，反映易代之際慘痛的史實與民族共具的感情，筆力遒勁，沈痛悲壯，肇開清代文學的新天地。例如吳偉業的〈圓圓曲〉，是一首長篇敘事詩，也是一首政治諷刺詩。吳偉業根據有關陳圓圓與吳三桂的軼事傳聞，寫成了這首聲噪當時，名傳後世的詩篇。

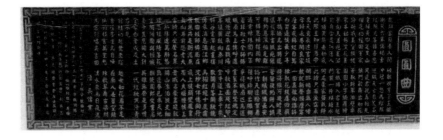

---

1 明清時科舉考試中所規定的一種特殊文體，又稱八股文。

其中：「慟哭六軍俱縞素[2]，衝冠一怒爲紅顏[3]」兩句，更
是廣爲傳誦。吳偉業對於滿清統治中原，一直很痛心，他
雖然迫於形勢，委屈偷安，不敢挺身反抗，但他對吳三桂
叛明降清，深致鄙薄之意，他在〈圓圓曲〉中強烈譴責吳
三桂，並藉此抒發他的亡國遺恨和民族感情。

　　此外孔尚任的《桃花扇》是藉著明末復社文人侯方域
與秦淮名妓李香君的愛情故事，來反映南明興亡的歷史
劇，所謂「借離合之情，寫興亡之感」，欲使後人「知三
百年之基業，隳[4]於何人？敗於何事？消於何年？歇於何
地？」侯方域在南京舊院結識李香君，侯題詩宮扇贈香君，
二人共訂婚約，後奸人馬士英、阮大鋮對復社文人進行迫
害，強迫香君改嫁黨羽田仰，香君誓死不從，觸階傷額，
「把花容碰了稀爛」，血濺侯、李定情詩扇。友人楊龍友
將扇上血跡點染成折枝桃花，香君遂將桃花扇寄與侯方
域，因名《桃花扇》。當清兵南下，攻陷南京，史可法獨
木難支，南明滅亡。香君、方域先後避難於棲霞山，在白
雲庵相遇，卻被張道士撕破代表堅貞愛情的桃花扇，以一

---

2 縞素，白色喪服。縞，音ㄍㄠˇ。慟哭，大哭。慟，音ㄊㄨㄥˋ。六軍，古代
　天子擁有六軍，諸侯三軍。此處泛指軍隊，此句云三桂等勤王之師皆因北京陷
　落，崇禎皇帝殉國而哀憤莫名。
3 紅顏，年輕美女，此指陳圓圓。流寇李自成入北京，劫持吳襄，命其寫信招降
　其子三桂，並允犒賞重金，三桂大喜，欣然受命，大軍拔營開往北京，於途中
　聽說李自成部將劉宗敏已劫持陳圓圓，遂大怒曰：「大丈夫不能保一女子，有
　何顏面。」遂退回山海關，召軍將誓師，以報君父之仇爲辭，反抗李自成。但
　是報仇是假，爲一歌妓衛恨是真。
4 ㄏㄨㄟ，毀壞、損毀。

聲斷喝了結這一段兒女之情：「兩個癡蟲，你看國在哪裡？
家在哪裡？君在哪裡？父在哪裡？偏是這點花月情根，割
他不斷麼？」於是二人分別出家。尤其是《桃花扇·餘韻》，
是《桃花扇》的最後一齣，時間發生在南明滅亡三年之後，
抒發作者對南明這段歷史的無限感慨：

> 俺曾見金陵玉殿鶯啼曉，秦淮水榭花開早，誰知道
> 容易冰消。眼看他起朱樓，眼看他宴賓客，眼看他
> 樓塌了。這青苔碧瓦堆，俺曾睡風流覺，將五十年
> 興亡看飽。那烏衣巷不姓王，莫愁湖鬼夜哭，鳳凰
> 臺棲梟鳥。殘山夢最真，舊境丟難掉，不信這輿圖
> 換稿[5]。謅[6]一套〈哀江南〉，放悲聲唱到老。

把遺民心中改朝換代的無奈、悲涼情懷都傳達了出
來。如果沒有真實的黍離之悲[7]，怎能將無盡的亡國血淚仇
恨，唱得如此悲憤沉鬱，如泣如訴呢？。而「眼看他起朱
樓，眼看他讌賓客，眼看他樓塌了！」是這首曲子中最著
名的句子，後世許多作家每當憑眺昔日遺蹟時，都會引用
這句話來表達當年的帝王卿相、英雄美人，而今安在？過
去的繁華，如今只空餘斷井頹垣！例如著名的言情小說家
瓊瑤女士就在《一簾幽夢》中改名句為「不見他起高樓，

5　改朝換代。
6　ㄓㄡ，編造。
7　亡國之悲。黍離，出自《詩經·王風》，用來感嘆亡國後蒼涼荒蕪的景象。

不見他宴賓客，卻見他樓塌了」及「可憐他起高樓，可憐他宴賓客，可憐他樓塌了！」

《作　業》

翻譯：俺曾見金陵玉殿鶯啼曉，秦淮水榭花開早，誰知道容易冰消。眼看他起朱樓，眼看他宴賓客，眼看他樓塌了。這青苔碧瓦堆，俺曾睡風流覺，將五十年興亡看飽。那烏衣巷不姓王，莫愁湖鬼夜哭，鳳凰台棲梟鳥。殘山夢最真，舊境丟難掉，不信這輿圖換稿。謅一套哀江南，放悲聲唱到老。

十七、清代小說選介

　　中國古代的小說可分為文言、白話兩類系統。宋元以來的話本、章回屬於白話小說系統。就文言小說來說，先秦有神話傳說，六朝有志怪、筆記，唐、宋有傳奇，清代汲取了前代小說可貴的經驗，蒲松齡《聊齋志異》、紀昀《閱微草堂筆記》承繼了唐傳奇的文言短篇傳統，然表現形式和藝術手法更趨於完善，成為清代文言小說中的翹楚。乾隆時吳敬梓《儒林外史》、曹雪芹《紅樓夢》以獨特的人生經歷、深刻的人生體驗，將清代長篇章回小說的藝術地位，攀升到新的高峰。

　　吳敬梓《儒林外史》以其飽經滄桑、備嘗人情冷暖的人生閱歷，冷靜地思考知識分子的整體問題。他不只揭露科舉制度的弊病，更進一步指出科舉的毒害，批判科舉制度，他以一副透視的目光、開闊的視野，表達其深沉的憂慮。全書寫出了儒林士人在科舉制度下的命運，他們為追逐功名富貴而不顧書中的教誨，把生命耗費在毫無價值的八股制藝、

吳敬梓

無病呻吟的詩作和玄虛的清談之中，造成了道德墮落，精神荒謬，才華枯萎，喪失了獨立的人格，失去了人生的價值。《儒林外史》擺脫了傳統小說的傳奇性，淡化故事情節，也不靠激烈的矛盾衝突來刻畫人物，它既沒有驚心動魄的傳奇色彩，也沒有情意綿綿的動人故事，而是當時隨處可見的日常生活和人的精神世界。全書寫了二百七十多人，除士林中各色人物之外，還把高人隱士、醫卜星相，娼妓狎客、吏役里胥等三教九流的人物寫入書中，從而展示了一幅幅社會風畫，透過平凡的生活寫出平凡人的真實性格，所寫的人物因而更貼近人的真實面貌。《儒林外史》不僅使吳敬梓贏得了不朽的身後名，也因此成為中國古代諷刺文學中最傑出的代表作之一。

曹雪芹《紅樓夢》完整地解剖了一個富貴的大家庭，從多方面顯示出其腐朽、脆弱、無望；人人都是不幸的，有奴僕的不幸，也有公子小姐的悲哀，還有愛情的悲劇和沒有愛情的婚姻悲劇。《紅樓夢》不僅是小說藝術登峰造極之作，也是精緻文化的豐富寶庫。曹雪芹以個人深厚的學養，把社會長久積累下來的文化知識，幾乎全部都包含在小說裡：經學、史學、哲學、散文、駢文、詩賦、詞曲、平話、戲文、繪畫、書法、八股、對聯、詩謎、酒令、佛教、道教、星相、醫卜、禮節、儀式、飲食、服裝以及各種風俗習慣，他都懂得透徹，寫得真實。除了複雜的情節與深厚的內蘊之外，生活智慧、經典語言處處可見，像是「世事洞明皆學問，人情練達即文章。」（第五回），鼓

勵人從生活周遭中學習處世的智慧。「表壯不如裡壯。」
（第六十八回），則是強調外在不如內在重要。「牡丹雖
好，全仗綠葉扶持。」（第一百一十回），意謂個人的成
功，也是需要靠眾人的幫助才能成就。「癡心父母古來多，
孝順子孫誰見了？」（第五回），是警醒那些一心指望子
女成材的父母，和未必瞭解父母苦心的子女們。又如〈好
了歌〉[1]看透世情所展露的人生智慧，在在都使本書成為具
有永恆價值的經典，值得大家認真去閱讀它。

　　蒲松齡《聊齋志異》是清代一部著名的短篇文言小說
集。全書共 491 篇，內容十分廣泛，多談狐、仙、鬼、妖
與人之間所發生的故事。民間傳說稱《聊齋志異》一書是
蒲松齡在路邊設一茶攤，為過路之人免費奉茶，以聽取他
們奇聞異事整理而成。小說中，有刺貪刺虐的，有描寫窮
苦書生和鬼、妖、仙女等愛情故事的，這些故事像是作者
創作來表達對社會的不滿和對愛情的嚮往，然而也有一些
故事僅僅是情節怪異而已，其情節單一，甚至只有短短十
餘字，不像是作者的創作而像百姓之間的傳說。所以本書
可能既包含了作者原創的作品，又包含了作者收集、加工
的民間傳說。其中〈倩女幽魂〉和〈畫皮〉大概是最符合
《聊齋志異》形象的鬼故事，和最得後人青睞的兩篇故事

---

1 世人都曉神仙好，惟有功名忘不了！古今將相在何方？荒塚一堆草沒了。
　世人都曉神仙好，只有金銀忘不了！終朝只恨聚無多，及到多時眼閉了。
　世人都曉神仙好，只有嬌妻忘不了！君生日日說恩情，君死又隨人去了。
　世人都曉神仙好，只有兒孫忘不了！痴心父母古來多，孝順兒孫誰見了？

紀昀中年畫像

了。根據這兩篇故事所改編成的電影與連續劇甚多，但其他尚有許多篇章，也值得讀者去仔細欣賞與玩味。

　　紀昀《閱微草堂筆記》是和《聊齋志異》齊名的短篇文言小說集。紀昀是清代著名的學者、文學家，並曾任乾隆年間禮部尚書、協辦大學士和《四庫全書》總纂修官。他自幼聰穎過人，有「神童」之稱，又因為人風趣幽默，民間流傳許多與他相關的傳說，因此成為後世戲曲中的傳奇人物。閱微草堂是紀曉嵐給自己的居所起的雅號，他晚年追憶前事，寫成《閱微草堂筆記》，全集分五書（《灤陽消夏錄》六卷、《如是我聞》四卷、《槐西雜誌》四卷、《姑妄聽之》四卷、《灤陽續錄》六卷），共二十四卷，1208則，約40萬字。內容主要是蒐集當時各種狐鬼神仙、因果報應、勸善懲惡等流傳於親友、門生、僚屬、師長間的怪譚，以及親身所經歷、聽聞的奇聞軼事；在空間地域上，範圍則遍及全中國遠至新疆的迪化、伊犁，南至滇黔、福建等地。內容記述若假若真，但似乎在藉由這些志怪的描寫來反映當時官場腐朽、昏暗、墮落之百態，以及諷刺道學家的虛偽、矯作、卑鄙，與旁敲側擊地揭露社會人心貪婪枉法及保守迷信。不過對處於社會下層的廣大民眾悲慘境遇的生

活，紀昀在字裡行間也表達出深刻的同情與悲憫。本書和
《聊齋志異》都是清朝傑出的志怪小說，也是紀氏文學的
代表作。

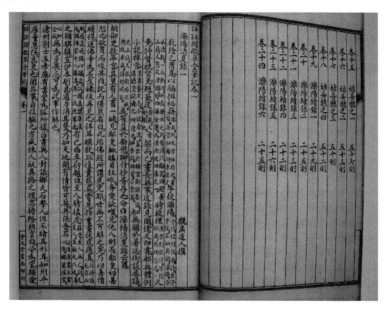

　　《閱微草堂筆記》寫作的特色，正如魯迅在《中國小
說史略》第 22 章中稱：「且於不情之論[2]，世間習而不察
者，亦每設疑難，揭其拘迂[3]……惟紀昀本長文筆，多見秘
書，又襟懷夷曠[4]，故凡測鬼神之情狀，發人間之幽微，托
狐鬼以抒己見者，雋思[5]妙語，時足解頤[6]，間雜考辨，亦

2　不合人情的言論。
3　拘泥迂腐。
4　胸襟懷抱平和曠達。
5　思想深遠。
6　開顏而笑。有趣的話引人發笑。

有灼見。敘述復雍容淡雅，天趣盎然，故後來無人能奪其
席，固非僅借位高望重以傳者矣」。紀昀以「閱微」為名，
正是要藉著一篇篇的故事，來對世人「不情之論」、「習
而不察者」，「揭其拘迂」，所以書中的故事，有很多他
人生智慧的結晶。例如在卷十七《姑妄聽之三》中透過兩
則小故事，就告訴讀者寶貴的觀人法則：看人如何對待他
的親人，就大概可以知道他將如何對待自己，如同古人所
說的「求忠臣必出孝子之門」的道理一樣。我們觀察一個
人，不只要看他對自己說什麼，更重要的是他怎麼對待他
的家人、朋友、身邊的人，這樣才能真正瞭解一個人。他
怎麼對他的家人朋友好，就將怎麼對自己好；他怎麼算計
陷害家人朋友，將來他可能同樣對待自己。

> 王青士言，有弟謀奪兄產者，招訟師至密室，篝燈7
> 籌畫。訟師為設機布阱，一一周詳，並反間內應之
> 術，無不曲到。謀既定，訟師掀髯曰：「令兄雖猛
> 如虎豹，亦難出鐵網矣。然何以酬我乎？」弟感謝
> 曰：「與君至交，情同骨肉，豈敢忘大德？」時兩
> 人對據一方几，忽几下一人突出，繞室翹一足而跳
> 舞，目光如炬，長毛毿毿8如蓑衣，指訟師曰：「先
> 生斟酌，此君視先生如骨肉，先生其危乎？」且笑
> 且舞，躍上屋簷而去。二人與侍側童子並驚仆。家

---

7 外罩有竹籠的燈火。篝，ㄍㄡ。
8 毛髮細長貌。毿，ㄙㄢ。

人覺聲息有異，相呼入視，已昏不知人。灌治至夜半，童子先蘇，具述所聞見。二人至曉乃能動。事機已泄，人言藉藉[9]，竟寢其謀，閉門不出者數月。相傳有狎一妓者，相愛甚。然欲為脫籍[10]，則拒不從，許以別宅自居，禮數如嫡[11]，拒益力。怪詰其故，喟然[12]曰：「君棄其結髮[13]而昵我，此豈可託終身者乎？」與此鬼之言，可云所見略同矣。

　　文中的妓女並不癡傻地相信男子的甜言蜜語，而懂得從一個人的行為來看清他的本性，只要這個人的本性良好，對待他的家人、朋友、身邊的人都出於真心，也將會真心真意地對待自己。馮夢龍《醒世恆言》中〈賣油郎獨佔花魁〉，就是強調男主角秦重因為真誠、不求回報地付出，最後終於感動了女主角，而願意委身下嫁於他，花魁就是透過觀察秦重的言行，才瞭解到秦重對她的情感。

　　又例如卷十七《姑妄聽之三》寫狐女反駁少年指責其無情，自承是為了採補，並非因愛情而與少年交往，猶如少年因貪圖權勢與財富而與人交往一般，以利相合，利盡人散。講的道理就如同歐陽脩所抨擊「利盡則交疏」的「小

---

9 人們議論紛紛。
10 古時妓女，列名樂籍，從良嫁人或不再為妓，均須取得主管官員批准，把樂籍中的名字除掉，稱為「脫籍」，也叫「落籍」。
11 指正妻。
12 嘆氣的樣子。
13 古代洞房之夜，新人會各剪下一絡頭髮並纏在一起，以示永結同心。在此結髮即指髮妻、元配夫人。

人之朋」一樣，只不過是透過狐女之口說出來，特別讓人感慨身為人類的少年，反而不如狐女對人情世事的洞達：

> 林塘又言，有少年為狐所媚，日漸羸困[14]，狐猶時時來。後復共寢，已疲頓不能御女[15]，狐乃披衣欲辭去，少年泣涕挽留，狐殊不顧，怒責其寡情，狐亦怒曰：「與君本無夫婦義，特為採補來耳。君膏髓[16]已竭，吾何所取而不去？此如以勢交者，勢敗則離，以財交者，財盡則散。當其委曲相媚，本為勢與財，非有情於其人也。君於某家某家，皆向日附門牆，今何久絕音問耶，乃獨責我？」其音甚厲，侍疾者聞之皆太息。少年乃反面向內，寂無一言。

這也是紀昀藉此以提醒世人的處事之道。全書中還有許多充滿人生智慧哲理的故事，值得大家仔細地閱讀、品味。

【筆者攝於紀曉嵐故居閱微草堂門前】

---

14 疲憊，瘦弱困乏。ㄌㄟˊ　ㄎㄨㄣˋ。
15 指與女子性交。
16 脂膏與骨髓。指身體中的精華。

《作　業》

1.**翻譯**：王青士言，有弟謀奪兄產者，招訟師至密室，籌燈籌畫。訟師為設機布阱，一一周詳，並反間內應之術，無不曲到。謀既定，訟師掀髯曰：「令兄雖猛如虎豹，亦難出鐵網矣。然何以酬我乎？」弟感謝曰：「與君至交，情同骨肉，豈敢忘大德？」時兩人對據一方几，忽几下一人突出，繞室翹一足而跳舞，目光如炬，長毛毿毿如蓑衣，指訟師曰：「先生斟酌，此君視先生如骨肉，先生其危乎？」且笑且舞，躍上屋簷而去。二人與侍側童子並驚仆。家人覺聲息有異，相呼入視，已昏不知人。灌治至夜半，童子先蘇，具述所聞見。二人至曉乃能動。事機已泄，人言藉藉，竟寢其謀，閉門不出者數月。相傳有狎一妓者，相愛甚。然欲為脫籍，則拒不從，許以別宅自居，禮數如嫡，拒益力。怪詰其故，喟然曰：「君棄其結髮而昵我，此豈可託終身者乎？」與此鬼之言，可云所見略同矣。

2.**翻譯**：林塘又言，有少年為狐所媚，日漸羸困，狐猶時時來。後復共寢，已疲頓不能御女，狐乃披衣欲辭去，少年泣涕挽留，狐殊不顧，怒責其寡情，狐亦怒曰：「與君本無夫婦義，特為采補來耳。君膏髓已竭，吾何所取而不去？此如以勢交者，勢敗則離，以財交者，財盡則散。當其委曲相媚，本為勢與財，非有情於其人也。君於某家某家，皆向日附門牆，今何久絕音問耶，乃獨責我？」其音甚厲，侍疾者聞之皆太息。少年乃反面向內，寂無一言。

十八、台灣古典文學選介

　　台灣古典文學的發展，在時間上，大致始於鄭成功時代，有漂流來臺的沈光文，和其後相繼來臺的文人、遺老，如陳永華、高拱乾、孫元衡、陳夢林、藍鼎元等人，這些寓臺人士是臺灣的第一代文人、臺灣文學的開創者，其中尤以沈光文對臺灣文化的啓蒙貢獻最大，他所寫的〈臺灣賦〉對臺灣的賦學影響甚鉅，清代諸羅縣令季麒光稱讚他爲：「臺灣無文也，斯庵[1]來始有文矣！」正說明了他在臺灣文學史上的開創地位，不僅因爲他是最早移居臺灣的飽學之士，且還組織了臺灣文學史上第一個詩社「東吟社」，開啓了臺灣文人社團組織的先河，他是臺

---

1 沈光文的號。

灣文化的播種者、啓蒙師。其後以澎湖進士蔡廷蘭爲首，另有彰化的陳肇興和黃詮，淡水的黃敬和曹敬，新竹的鄭用錫和林占梅等本土作家群逐漸興起，引領著台灣古典文學風騷。同治、光緒年間，台灣本土作家如陳維英、李夢洋、丘逢甲、施士潔等人的詩作水準，已與中國大陸不分軒輊，作品風格具有強烈的鄉土色彩，文名遠播至中國大陸。在空間上，則因爲涉及到漢人的土地拓墾、文化傳播、文化治理社會之形成……等問題，臺灣南部地區在古典文學的紮根與興起，較中、北部爲早，而東部地區則是全臺之中較遲者。至於從事創作的作家身份，除了本地出身的文人外，也包括自中國大陸來臺的人士，以及日籍漢人；作品類別則涵括詩、散文、賦、小說、詞、詩話等，除豐富的別集外，已有多種總集出版。

在台灣古典文學中，不乏描寫南投山水名勝的作品。南投的山水勝景，自清代以來以玉山、日月潭與九九峰，最爲文人所行吟歌詠。玉山的高聳險峻、山勢壯美，爲全台最高峰；日月潭的湖光山色、氣象萬千爲全台最大、最美的淡水湖；九九峰獨特的火焰山地形，諸峰獨立突出，晨夕間遠望，山色猶如火焰燃燒，成爲南投縣具有代表性的地理景觀。在清代有所謂的諸羅八

景、彰化八景中所說的「玉山雲淨」、「水沙浮嶼」、「焰峰朝霞」就是指這三處山水勝景。今略舉有關描寫這三處名勝之作品如下。玉山主峰海拔標高3952公尺，爲台灣第一高山，鄒族人稱之爲八通關，日據時期因其較日本第一高峰富士山爲高，明治天皇命名爲新高山。當初名之爲玉山，是因爲望之如玉而得名，而望之如玉是因爲積雪的緣故，應非蘊藏美玉，所以雪景就成爲玉山的特殊景觀，加之以山勢高聳入雲霄，山際流雲飄渺、積雪映日成霞，才有所謂的「玉山雲淨」、「玉嶂流霞」美景之稱。因此雪與雲，都成爲詩人歌詠中不可或缺的題材，最早歌詠玉山之作是清初周鍾瑄的〈望玉山〉，詩中描寫朝日初升時，山嵐散開玉山就展現出來，而積雪映日，眼前只覺一片明亮，對於玉山終年積雪不消，讓作者感覺到很訝異：

> 曉嵐高捲日初生，一片晴光照眼明。積雪不消三伏[2]後，層冰常訝[3]四時成。

　　在清代描寫玉山景色的作品中，總是有雪景的描繪。但相隔三百多年，時至今日的玉山峰頂，除非寒流來襲而降雪，否則已難得一見白雪皚皚的景觀，這也是從文學作品中得知氣候暖化的一個例證。

　　日月潭舊稱水沙連，又名珠潭，爲全台最大的淡水湖

---

2 夏季最熱的時候。這句是形容積雪時間之長。
3 驚訝。

泊，湖中又有一島 ── 拉魯島，舊稱珠仔山、珠嶼島、光華島。其命名之由來，有一說是以潭形像日月之狀而名之，也有說是因「水分丹、碧二色，故名日月潭」[4]。自清代以來「水沙浮嶼」、「珠潭浮嶼」、「珠潭映日」就是因其具有獨特的山光水色而成為地方勝景。藍鼎元〈紀水沙連〉稱頌其風景比美於桃花源：

> 山青水綠，四顧蒼茫，竹樹參差，雲飛鳥語，古稱蓬瀛[5]，不是過也。……萬山之內，有如此水，大水之中，有此勝地。……武陵人誤入桃源，余曩[6]者疑其誕[7]，以水沙連觀之，信彭澤[8]之非欺我也。

鄧傳安〈遊水裏社記〉也譽之為彷如仙境，認為如能積極開發此處，則日月潭未必遜於江左（江南）與浙西（太湖流域）的湖光山色：

> 嗚呼！臺灣乃海中一嶼耳，嶼之中有斯潭，潭之中復有斯嶼，十里如畫，四時皆春；置身其間，幻耶？

---

4 語見鄧傳安〈遊水裏社記〉。日月潭得名之由來也有以其名稱和天地會中的常見隱語，分別影射著「明」與「朱」這兩個反清復明團體中時常使用的重要符碼有關，此說見翁同文：〈日月潭珠仔山原由林爽文黨徒命名說〉，《國立編譯館館刊》，第9卷2期，1980年12月，頁1-22。

5 蓬萊和瀛洲。神山名，相傳為仙人所居之處。亦泛指仙境。

6 ㄋㄤ ㄟ，從前。

7 荒誕。

8 指陶淵明，因其當過彭澤令。

真耶？仙耶？凡耶？……彼江左、浙西諸湖山，能
獨擅[9]其美耶？

　　日月潭如世外桃源般的景象，到日據時期因 1934 年水
力發電廠的建成而改變。日月潭水面因此而提升了 21 公
尺，面積也由 4.55 平方公里增加到 7.73 平方公里，拉魯
島變成僅露出水面 5 公尺，面積也從原本的 8 公頃變為 1
公頃[10]，直接造成日月潭人文與自然地理景觀的改變。這
些改變包括了潭形改變[11]、浮嶼變小[12]、水色改變[13]，而日
月潭在詩作中的意象也已不復以往了。

9　佔有、據有。
10　陳正祥：《台灣地名辭典》（台北：南天書局，1993），頁 81-83。
11　隨著湖面升高，潭形改變，實在難以和日月的形狀做聯想。
12　「水沙浮嶼」、「珠潭浮嶼」的景觀已大不如前，拉魯島受到 921 大地震還有
　　長期波浪沖蝕的影響，面積縮小，現已不足 1 公頃，已無人居住，因此原先
　　島上原住民「中突一嶼，番繞嶼以居，空其頂」、「隔岸欲詣社者，必舉火
　　為號，番划蟒甲以渡」（《諸羅縣志》）居住和往來島岸的情形也不復可見。
13　自鄧傳安〈遊水裏社記〉所載「水分丹、碧二色，故名日月潭……水分兩色
　　處，如有界限」（《彰化縣志》），可知潭水原有兩色，後之詩作中亦常言
　　及「色分丹碧東西異，象判陰陽日月同」（陳書〈珠潭浮嶼〉，收入《全臺
　　詩》第四冊，頁 246）、「誰劃玻璃分色界」（曾作霖〈珠潭浮嶼〉，收入
　　《全臺詩》第四冊，頁 66）、「瀠洄兩水碧兼朱」（陳玉衡〈珠潭浮嶼〉，
　　收入《全臺詩》第四冊，頁 288）、「潭心突兀嶼如珠，一片青紅兩色殊；
　　並剪倩誰來割截，鴻溝分界不糢糊」（黃驤雲〈珠潭浮嶼〉，收入《全臺詩》
　　第四冊，頁 318）都是記載此一獨特景觀，道光 27 年（1847），閩浙總督劉
　　韻珂親臨此地後所上給朝廷的奏則〈奏勘番地疏〉依然稱「水色紅、綠並分」
　　（收入丁曰健：《治臺必告錄》（南投：臺灣省文獻委員會，1997 年 6 月）
　　第一冊，頁 216）水色依然如此，只是現已不復可見此一情景。

【拉魯島的現況，自 921 地震後面積更為縮小，已不足 1 公頃。】

　　九九峰位於南投縣草屯鎮，又名九十九峰、九十九尖、炎峰、焰峰、火燄山、火炎山、火山諸名。從這些名稱可以得知九九峰的景觀特色有兩點，一是火炎山地形；一是眾多尖峰的地形。火炎山地形的景觀，有的認為是早期山上冒出煙火；有的是以其地貌遭侵蝕成似火焰之山形；有的是以其赭土反射陽光，在朝陽、夕陽映照之下宛如火焰般的跳躍。日所見之九九峰雖無煙火之狀，但因地質上屬一百萬年前的「頭料山層」，在長期雨水沖刷下，對土壤產生侵蝕作用，其中較硬的砂岩比較軟的頁岩流失較少，於是砂岩挺立而頁岩陷落，形成垂直狹長凹陷之深溝，這些有如鯊魚利牙鋸齒狀的山峰群，正是火炎山地形的特徵，921 地震後，九九峰裸露崩塌的山貌，又恢復三百多

年前的樣貌（如下圖）[14]，足以遙想當年之面貌如何。

　　「焰峰朝霞」是九九峰的另一美景，因爲該處土壤中有機質鈣、鹽類物質易溶於水，被溶水流走或向下滲透至地下，殘留地表的爲不溶於水且含氧化物較多的「高價鐵鋁氧化物」（氧化鐵、氧化鋁皆爲紅色），會顯現出紅黃色及紅棕色「赭土」，赭土反射陽光，在朝陽、夕陽映照下宛如火焰般的跳躍，是火炎山地理景觀的最佳寫照，因此自古以來就有炎峰、焰峰、火餤山、火炎山、火山諸稱，也才有「焰峰朝霞」的美景。故《卓屯鎮志》稱之：

---

14 引自教育部數位教學資源入口網。
　http://content.edu.tw/primary/country/tc_ua/a004/htm/p3-3.htm。

> 形成奇突之「火炎山」侵蝕地形。以眾多岩柱狀尖
> 峰，直劈簇立，晨夕日光照射，紅土反映，遙望之，
> 有如火焰狀。

而鹿港名詩人洪繻（字月樵、棄生，1866-1928），因曾任草屯登瀛書院山長，與九九峰朝夕相望，有更貼近且仔細的觀察，故而寫下〈九十九峰歌〉、〈九十九峰賦〉一詩一賦來專門歌詠九九峰，是詩人中對九九峰著墨最多者。〈九十九峰歌〉詩中除了形容眾多山峰為鬼斧神工的「密排青芙蓉」、「玉瓣」、「駢列巨刃」，還提到了九九峰另一奇觀，炎天不熱的「丹赭晴霞捧赤城」，最後還盛讚九九峰比美西蜀奇峰，是台灣獨一無二的青玲瓏。造就這種奇景的因素在於赭土反射光線、空氣中水氣含量（使太陽光產生折射現象，如同三稜鏡的色散原理）、陽光的入射角[15]等因素相配合，並非天天可見。但這偶一見之的奇觀，卻讓詩人留下一篇篇的佳作。除了洪繻以「丹赭晴霞捧赤城」來寫「焰峰朝霞」外，吳德功在〈燄山朝霞〉詩中寫道九九峰在朝陽的照耀下，滿山樹葉燦爛發紅，連

---

15 第卅九屆中小學科學展覽會台中縣第二名作品〈揭開火炎山的神秘面紗〉探討陽光入射角與火炎山顏色變化之關係，可作為「焰峰朝霞」光線顏色變化的參考：

入射角 θ	$0^0 \sim 59^0$	$59^0 \sim 72^0$	$72^0 \sim 78^0$	78^0 以上
顏色變化	褐黃	金黃	橘紅	深紅

http://www.jnjh.tcc.edu.tw/LKJHec.htm

村邑也被輝煌燦爛的朝霞映照得通紅，呈現在詩人面前的
是一幅絕美的圖畫：

> 九九峰高聳，巍峨[16]眾笏[17]撐。滿山朝旭朗，一抹綺
> 霞明。燦爛蒸紅樹，輝煌照赤城。碧空時散采，滿
> 幅畫圖呈。

從諸家詩人的筆下，不難想見九九峰朝霞之美，正因
為如此才有所謂的「焰峰朝霞」之稱譽。九九峰鬼斧神工
的造化之美，無論是山勢的奇特與丹赭晴霞的奇觀，皆為
詩人提供絕佳的寫作素材，誠如草屯耆老簡榮聰教授所言：

> 筆者南埔青子宅老家，正當九九峰前，自幼迄今，
> 長期對家鄉景觀的欣賞，也深深體會，九九峰的美，
> 不僅美在山勢，也美在四季，美在一天的晨午夕月，
> 雨晴煙晚，可謂四季四時，晴雨風煙，各有不同山
> 容秀貌。既使又於民國八十八年（一九九九）遭逢
> 九二一大地震，致使九九峰崩塌，山上古木盡毀，
> 回復三百多年前的「火燄山」舊景，而其奇特的火
> 炎山形，彷彿黃笥排空無際，仍屬世界難見的美景。

---

16 高大壯觀，雄偉矗立的樣子。
17 ㄏㄨˋ，古代大臣朝見君主時手中所拿的狹長手板。用玉、象牙或竹製成，
　板上可以記事。

清代《諸羅縣志》所載九九峰之圖，強調出九九峰
參差不齊鋸齒狀的山峰群獨特的景觀。

《作　業》

1.翻譯：曉嵐高捲日初生，一片晴光照眼明。積雪不消三伏後，層冰常訝四時成。

2.翻譯：山青水綠，四顧蒼茫，竹樹參差，雲飛鳥語，古稱蓬瀛，不是過也。……萬山之內，有如此水，大水之中，有此勝地。……武陵人誤入桃源，余曩者疑其誕，以水沙連觀之，信彭澤之非欺我也。

3.翻譯：九九峰高聳，巍峨眾笏撐。滿山朝旭朗，一抹綺霞明。燦爛蒸紅樹，輝煌照赤城。碧空時散采，滿幅畫圖呈。

十九、台灣現代文學選介

　　現代文學又稱爲「新文學」，也叫做「白話文學」。現代文學起源於民國八年「五四」時期的白話文運動，因此有「白話文學」之稱，胡適和陳獨秀是這次文學運動的主要人物。中國現代文學史上的第一批新詩是一九一八年一月《新青年》所發表的胡適、劉半農、沈尹默的九首白話詩。中國現代文學史上的第一篇白話小說，是女作家陳衡哲在一九一七年發表的〈一日〉；翌年魯迅發表了〈狂人日記〉，雖然不是最早的白話小說，卻產生了巨大的影響。〈狂人日記〉用誇張的手法，揭露了中國傳統社會「吃人的禮教」，發出了「救救孩子」的呼聲。現代文學史上第一批散文是魯迅、陳獨秀等所寫的雜文，稍後冰心、朱自清等才發表一些抒情性的散文。在話劇方面，現代文學最早的劇本是胡適的〈終身大事〉，發表於一九

一九年三月，故事是寫女主角田亞梅為了爭取婚姻自由而離家出走。

　　一九二〇年至一九四五年，台灣的現代詩壇有賴和、楊華、郭水潭、楊熾昌、楊雲萍、林芳年、吳瀛濤等人，他們的詩篇流露出日寇統治下的民族鄉情，內容誠懇真摯。五〇年代是現代新詩在台灣大放異彩的年代，學院中人及軍中詩人相互琢磨競技，當時最重要的詩社有三：一是由紀弦領軍的「現代詩社」（後擴大陣容為「現代派」）；二是由覃子豪、余光中、鄧禹平、夏菁合組的藍星詩社；三是由張默、洛夫、瘂弦創組的「世紀詩社」。六〇年代，楊牧列名為「創世紀」編委；白荻於一九六〇年與林亨泰、趙天儀、李魁賢等人籌組「笠」詩社，成為強調台灣鄉土的這個流派最重要的詩人。七〇年代詩壇風雲際會，重要詩社有林煥彰、蕭蕭、陳芳明等人創辦的「龍族」詩社，在七十年代初提倡中國情懷、現實精神，曾引領風騷於一時。下面就選介在中國新詩發展史上造成風靡傳奇，影響巨大綿遠的鄭愁予〈殘堡〉一詩。這首詩發表於一九五一年，是鄭愁予「邊塞組曲」五首中的第一首，寫的是古戰場的荒涼。詩人來到這只剩殘垣斷壁的吟城堡，撫摸著腐蝕的鐵釘與頹圮的石桌，興起了人世滄桑的感傷、風雲變幻的哀傷，於是譜出了這一首帶有豪邁蒼涼意味的詩篇。

戍守[1]的人已歸了，留下
邊地的殘堡
看得出，十九世紀的草原啊
如今，是沙丘一片

怔忡[2]而空曠的箭眼[3]
掛過號角的鐵釘
被黃昏和望歸的靴子磨平的
戍樓的石垛啊
一切都老了
一切都抹上風沙的鏽
百年前英雄繫馬的地方
百年前壯士磨劍的地方
這兒我黯然地卸了鞍
歷史的鎖啊沒有鑰匙
我的行囊也沒有劍
要一個鏗鏘的夢吧
趁月色，我傳下悲戚的「將軍令」
自琴弦⋯⋯

中國傳統的文學中，詩、文並舉，文有駢體文和散體

---

1 守衛邊境。戍音ㄕㄨˋ。
2 ㄓㄥ ㄔㄨㄥ，精神衰弱心跳不安的樣子。
3 射出箭矢的孔洞。

文之分，散體文就是散文。現代散文中的「現代」，除了指的是民國以後，有時間界定的意義外，其與古代散文的最大差異是在書寫工具的不同：一用文言，一以白話。自五四以來，以白話文寫作的散文，其成績也早已獲得肯定。散文的取材廣泛，體式豐富，表達方式多元，它可以抒情，可以描寫，可以議論，可以記述，或兼而有之。在多數的情況下，我們使用現代散文這一概念時，是泛指包括雜文、記敘、抒情散文，和報導（新聞）文學等各種樣式的散文，稱之爲廣義的散文。有時則將雜文和報導文學排除在外，專指記敘、抒情散文，稱之爲狹義的散文，或純文學散文。

　　台灣現代散文在日據時期以被稱爲「台灣新文學之父」的賴和與張文環爲代表。賴和的散文很少抒發個人的情懷，即使他抒發了個人的喟嘆，也還是與大時代相連，關於歷史的思索與喟嘆。張文環的文學作品，則具有濃厚的鄉土意識及民族精神，而且更富有人道主義的思想。政府遷台後，大陸來臺作家其憂鬱與惆悵的懷鄉散文，是此時期散文的主要題材之一，代表的散文作家有朱西寧、司馬中原等。這一時期的特殊現像是女性作家集體躍上文學的舞臺，諸如鐘梅音、林海音、艾雯、張秀亞、徐鐘佩、陳香梅、潘琦君、羅蘭等，皆在散文創作上有脫俗不凡的表現，寫作的題材從家庭瑣事、旅遊記聞到人生哲學等，營造了濃厚的日常生活氣息。另

外，具代表性的散文作家有梁實秋、彭歌、蕭白、尹雪曼、柏楊等人。其中，梁實秋的《雅舍小品》淡雅平實，且富於幽默感；柏楊的散文則是當時少見的異數，他取材於台灣現實社會，反映民生疾苦，且不避諱地批判政府的施政措施。

　　五四以來的現代文學，以散文的成就最大，超過詩歌、小說、和戲劇。在散文的廣大領域中，記事和抒情文最多彩多姿，許多作品具有永恆的文學價值。而記事抒情文學家裏，潘琦君無疑的是非常傑出的一位。琦君的散文，在樸實厚重中透著款款的情味；平易近人裏，流露出深深的智慧。鄭明娳在〈談琦君散文〉一文中評論琦君的散文為：

> 無論寫人、寫事、寫物，都在平常無奇中含蘊至理，在清淡樸實中見出秀美；她的散文，不是濃妝艷抹的豪華貴婦，也不是粗服亂頭的村俚美女；而是秀外慧中的大家閨秀。

　　琦君是一個非常念舊的女作家，她的情感真摯豐富，記憶力超強，有一半以上的作品，都是描寫她在家鄉（浙江永嘉）度過的童年和求學過程中的人與事。她以真摯和煦的稟性，對於天地萬物皆有慈祥悲憫之觀照，故筆觸所及溫柔敦厚、晶瑩純正、饒富人情味，一人一事、一花一木皆可見大千世界之生息榮枯，風格傾向溫婉細美，亦以平實感人見長。〈髻〉一文為琦君的代表作之一。藉由母

親和姨娘同樣擁有烏黑細長的秀髮，卻因髮型古拙和新潮的不同，而有大相逕庭的待遇，凸顯出作者和母親，與父親和姨娘的對立關係。其中母親默然接受姨娘的到來，卻又堅持不輕易改變其髮型，作者用極為高明的技巧寫出母親的無助、無奈和姨娘的爭強好勝。且由父親笑看姨娘的秀髮及髮型，道出對父親的不滿。不過這種關係，卻因時間的流逝，父親的去世，而習慣，而接受，而容忍，終而相扶持。可見情感的糾纏也會統一。亦可見作者真實自然、溫婉敦厚的筆調。

　　在上海求學時，母親來信說她患了風濕病，手膀抬不起來，連最簡單的螺絲髻兒都盤不成樣，只好把稀稀疏疏的幾根短髮剪去了。我捧著信，坐在寄宿舍視窗淒淡的月光裏，寂寞地掉著眼淚。深秋的夜風吹來，我有點冷，披上母親為我織的軟軟的毛衣，渾身又暖和起來。可是母親老了，我卻不能隨侍在她身邊，她剪去了稀疏的短髮，又何嘗剪去滿懷的愁緒呢！

　　不久，姨娘因事來上海，帶來母親的照片。三年不見，母親已白髮如銀。我呆呆地凝視著照片，滿腔心事，卻無法向眼前的姨娘傾訴。她似乎很體諒我思母之情，絮絮叨叨地和我談著母親的近況。說母

親心臟不太好，又有風濕病。所以體力已不大如前。我低頭默默地聽著，想想她就是使我母親一生鬱鬱不樂的人，可是我已經一點都不恨她了。因為自從父親去世以後，母親和姨娘反而成了患難相依的伴侶，母親早已不恨她了。我再仔細看看她，她穿著灰布棉袍，鬢邊戴著一朵白花，頸後垂著的再不是當年多彩多姿的鳳凰髻或同心髻，而是一條簡簡單單的香蕉卷，她臉上脂粉不施，顯得十分哀戚，我對她不禁起了無限憐憫。因為她不像我母親是個自甘淡泊的女性，她隨著父親享受了近二十多年的富貴榮華，一朝失去了依傍，她的空虛落寞之感，將更甚於我母親吧。

來臺灣以後，姨娘已成了我唯一的親人，我們住在一起有好幾年。在日式房屋的長廊裏，我看她坐在玻璃窗邊梳頭，她不時用拳頭捶著肩膀說：“手酸得很，真是老了。”老了，她也老了。當年如雲的青絲，如今也漸漸落去，只剩了一小把，且已夾有絲絲白髮。想起在杭州時，她和母親背對著背梳頭，彼此不交一語的仇視日子，轉眼都成過去。人世間，什麼是愛，什麼是恨呢？母親已去世多年，垂垂老去的姨娘，亦終歸走向同一個渺茫不可知的方向，她現在的光陰，比誰都寂寞啊。

我怔怔[4]地望著她，想起她美麗的橫愛司髻，我說：
"讓我來替你梳個新的式樣吧。"

她愀然[5]一笑說："我還要那樣時髦幹什麼，那是你
們年輕人的事了。"

我能長久年輕嗎？她說這話，一轉眼又是十多年
了。我也早已不年輕了。對於人世的愛、憎、貪、
癡，已木然無動於衷。母親去我日遠，姨娘的骨灰
也已寄存在寂寞的寺院中。

這個世界，究竟有什麼是永久的，又有什麼是值得
認真的呢？

談到台灣現代小說的發展，在日據時期重要的作家以
吳濁流、鍾理和、葉石濤等人為代表。政府遷台後，在政
府的鼓吹支持下，進入反共戰鬥文藝時期，重要的作家作
品有司馬中原《荒原》《狂風沙》、朱西寧《鐵漿》、王
藍《藍與黑》、潘人木《蓮漪表妹》等。韓戰結束後，美
援入臺，也輸入了美式生活、文化、意識形態，文壇出現
了介紹西方文藝思潮與作品的刊物，這時可稱為現代小說
的西化時期，重要的作家作品有王文興《玩具手槍》《家

---

4 同「愣愣」，發呆的樣子。怔，音ㄓㄥˋ。
5 容色改變貌。愀，ㄑㄧㄠˇ。

變》、白先勇《寂寞的十七歲》、施叔青《約伯的末裔》、
李昂《花季》等。其後臺灣由農業社會轉型爲工業社會，
現代小說透過轉型中的社會，描繪卑微的小人物及其生
活，較真實地把握時代、地域的現實性，可稱爲西化之反
省期。這一時期重要的作家作品有陳映真《將軍族》《夜
行貨車》、王禎和《三春記》《小林來臺北》、黃春明《兒
子的大玩偶》《鑼》《莎喲娜拉・再見》、李喬《寒夜三
部曲》、王拓、七等生、尉天聰、鄭清文等。

　　黃春明是一位感情強烈的鄉土文學作家，大約從民國
五十年前後即開始寫作，作品多發表在《聯合副刊》、《幼
獅文藝》。民國五十六年到六十二年間是黃春明跨過習作
階段步入成熟期，也是黃春明創作力旺盛和豐收的時期，
他最爲人所津津樂道的作品都發表於此一時期，正式奠定
了他在國內文壇，乃至贏得國際文壇聲譽的主要基礎。黃
春明的小說題材多半著重於刻畫臺灣現實社會中一些低層
人物的遭遇、性格與心聲，帶有濃厚的鄉土性（從鄉土中
發掘社會變革的主題）和鮮明的民族性（批判崇洋媚外）。
而其寫作手法更是透過生動鮮活的語言，來突出人物的刻
劃，達到辛辣而深刻的諷刺藝術效果。〈蘋果的滋味〉原
刊載於六十一年十二月二十八日到三十一日《中國時報》
的「人間副刊」。八〇年代，年輕的電影工作者開始覺醒，
當他們回頭尋找題材的時候，注意到本土的文學作品；於
是就挑選黃春明先生的作品來拍成影片，同時，爲了配合
電影閱讀的需要，就將這些作品編輯成一本電影小說集

《鑼》一書。

　　〈蘋果的滋味〉——早年臺灣地區蘋果尚未開放大量
進口，僅梨山有少量的生產，所以價格非常昂貴，是貧苦
人家可望而不可及的東西。作者寫一個工人不幸因車禍而
導致斷腿，卻意外地使他的妻兒能夠吃到美國人送的蘋
果，且改善了家人的生活。很單純的情節，卻表現了複雜
的滋味。黃春明是個土生土長的作家，他認識且瞭解那些
卑微的、委屈的、愚昧的小人物，所以文中把阿桂、阿珠、
阿發等小人物，刻劃得相當入微，有聲有色，使讀者如眼
見其人，耳聞其聲，表現出他寫作的功力。本篇小說是作
者在創作題材上有所變化的一篇作品，即由鄉土題材轉向
對民族題材的關注，這是由於「保釣運動[6]」激起民族情緒
的高漲與民族意識的覺醒對黃春明衝擊的結晶。此後黃春
明便有〈莎喲娜啦·再見〉、〈我愛瑪琍〉等批判崇洋媚
外的作品問世。

　　〈蘋果的滋味〉因文章甚長，引述不便，僅簡述內容
如下：美軍格雷上校開車撞到工人江阿發，一個外事員警

---

6 根據《台灣大百科》的說明如下：「中日間爭奪釣魚臺列嶼（Pinnacle Group），
日文稱為尖閣群島（Senkaku Islands）主權引起的運動，從 1971 年至今主要有
3 次。釣魚臺列嶼為基隆東北 102 海浬的一個無人荒島與附近 7 小島的合稱，
清朝時視為臺灣的一部分，日人治臺後轉屬琉球，1972 年美國將琉球行政權
交還日本，並未明文規定釣魚臺法定地位。1968 至 1969 年聯合國亞洲經濟開
發委員會指出，該列島海底附近 20 萬平方公里是一大油田，引起日本及海峽
兩岸的注意與爭奪，也引發美、臺、港之中國青年熱烈參與的保釣運動第一次
運動（1971 年 1 月至 6 月），後因臺灣抗議，中共與日本則有暫時凍結主權
爭奪的諒解，保釣運動乃歸沉寂。」2012 年因日本政府將釣魚臺列嶼收歸國
有，引發起另一波的爭執，尤其是中共與日本之間劍拔弩張，衝突不已。

帶著格雷上校造訪江太太，說明江阿發被汽車撞傷，已經
送到醫院急救；大女兒阿珠趕忙到學校帶回弟弟阿吉和阿
松，跟媽媽阿桂一起到醫院探望。

格雷上校開車載著員警和母子四人奔馳於公路，阿桂
卻放聲大哭；來到醫院後，洋護士告訴她，江阿發只是腿
斷了，阿桂總算安心一些；不一會兒，江阿發從手術室推
出來，又推進病房裡。

阿桂看到斷腿的江阿發，不禁喃喃飲泣。不久，江阿
發甦醒過來，幾個小孩靠著床沿叫喚爸爸，一時之間，阿
發的心裡覺得很難過。阿桂一邊流淚，一邊抱怨。格雷上
校跨進病房，遞給阿發兩萬塊錢，他和他太太竟然不覺得
這些賠償是應得的，反而內心有所愧疚，且連聲說對不起！

他們一家人一邊吃格雷上校送的三明治，一邊喝汽
水，還有說有笑，顯得很滿足；這時江阿發喝著牛奶，偷
偷看了阿桂一眼，正好和阿桂的目光相觸，兩人同時漾起
了會心的微笑。後來格雷上校又帶著蘋果前來慰問，阿發
叫小孩子拿蘋果吃，阿桂也輕咬蘋果，最後，阿發禁不起
誘惑，叫阿珠也拿一個蘋果給他吃。

當他們全家都在吃美國人送的蘋果時，那是他們作夢
也不敢想的奢望，蘋果的滋味是什麼呢：「總覺得沒有想
像那麼甜美，酸酸澀澀，嚼起來泡泡的，有點假假的感覺。」
那已是接觸真實世界，幻覺消失的感覺。但是小說中的人
物並不曾覺悟，因為「一顆蘋果可以買四斤米」── 基於
貧窮，使他們堅持相信蘋果的滋味是甜美的。

　　「蘋果」所代表的意義不僅是想像中的美好，對當時貧窮又刻苦的台灣人來說，如果能擁有一顆蘋果，那不僅滿足了夢想，同時也值得炫耀，而且他們面對蘋果的態度，多半是珍藏著捨不得吃。這種心理或許摻雜著帶有自卑的複雜情緒，或許潛藏著崇洋媚外的弱勢態度，但那種又羨慕又想擁有，真正擁有了卻一面想炫耀，一面又覺得自己不配的卑微心態，才是作者想要隱喻的「蘋果的滋味」！

《作　業》

1.請賞析鄭愁予〈殘堡〉一詩。

2.請說明黃春明如何描寫江阿發一家人的貧窮？

3.請舉出〈蘋果的滋味〉一文中有哪幾處運用了反諷手法？

【延伸閱讀】請閱讀〈兒子的大玩偶〉、〈小琪的那頂帽子〉、〈蘋果的滋味〉等作品之後，探討黃春明如何描寫小人物的辛酸？

二十、應用文書簡介

　　在現代生活與職場中，E-mail 已經取代傳統書信，而成為不可或缺的訊息交流工具了。但是在使用時仍有一些小細節需要注意，以免造成生活與職場上的困擾。此外，學生終究會走出校園進入職場，所以自傳和履歷表的撰寫更有必要加強，讓跨入職場的第一步能夠走得順利。以下針對上述三個部份加以說明。

E-mail 往返的禮節

　　時至今日，E-mail 已逐漸取代書信往來，成為生活與職場中不可或缺的工具了，E-mail 不僅較郵件快速，而且更可用來當作提醒別人、約定開會時間，甚至「備份信件」可作為自己連絡紀錄的「秘密武器」。但是如果不注意一些小細節，可能會造成困擾，甚至不可彌補的錯誤。以下就提醒您一些常見的疏忽。

　　1. E-mail 仍應注意禮節。

　　2011/11/18 聯合報登了一篇報導「詩人侯吉諒前天在部落格裡，張貼一封未具名、疑來自朝陽科技大學學生的電子郵件，要求他提供二〇〇六年發表在聯合報副刊的新詩「書法」，創作的時空背景與解析；侯吉諒感慨「現在的大學生都這樣嗎？」

　　「現今大學生素質不敢領教！」侯吉諒昨受訪時，直指學生「白目」，「不具名顯示連基本的網路書信禮儀都不懂」，學生信裡雖稱呼他「大師」，卻不懂得正確請益師者，因此他不願意回信。」結果第二天朝陽科大校長鍾任琴，親自寫信向侯吉諒道歉。E-mail 雖然是科技的溝通工具，但是仍應注意與人溝通時應有的禮節，不可抱著新科技就不用講究禮節的心態，也不可以為躲在網路後面，反正你也不知道我是誰的心態。該學生的信件[1]主要疏忽了：（1）沒先自我介紹（來自朝陽,不算介紹）、沒署名，都是沒禮貌的表現。（2）信函中缺乏了「請益」的精神。沒附上自己對作品的看法，起碼要先表達自己的意見，作者才能指教。如果真的有下過工夫、做過功課，應該是把找到的資料，以及自己的想法先說出來，再請教大師，而

---

1 原信為「侯大師您好：有擾您了，我是朝陽科大的學生，由於班上中文課分組報告主題為你的新詩，06 年發表於聯合報副刊 —— 書法，因此需要更多關於這首詩的詳加解釋，但卻十分不易尋得有關這首詩的其他資訊，如創作作品時空背景與作品解析等，在圖書館與網路上的資料都十分貧乏，只能找得創作卻無法找到更深入的內容，而我們也非文學相關系所，無法完全明瞭大師詩中的涵義，不希望只是藉自己的主觀解釋，傳達給同學的是不完全正確的資訊，所以想直接聯繫大師您取得最原始的剖析，希望大師能不吝指教，讓我們全班能更深入欣賞您的作品。謝謝侯大師！」

不是直接請大師把東西寫出來再寄給你，所以難怪侯吉諒認爲他不懂得正確請益師者，因此不願意回信。（3）信中直接稱「你」不妥，應用「您」才對。

2.「Yes123 求職網」2011 年 8 月對使用 email 時，最沒有「工作教養」（E-mail 的文書禮節）的前七項爲：收到 E-mail 後，不回應 43.6%、有寄 E-mail 就算完事，未用電話再確認 41.5%、不署名發黑函 30.5%、內文雜亂無章，表達不清 30.0%、不懂書信禮儀，沒有敬稱，也不留姓名 29.6%、寄信人名稱未寫清楚，讓人以爲是病毒信 27.7%、信件主旨落落長，或抓不到重點 27.2%。一般人都以爲 E-mail 只要寄出去，對方就一定會收到。事實上很多 email 不是被擋信、誤殺，就是被誤丟進垃圾桶。E-mail 若未寄到對方手上，就等於是白寄了。因此當送出郵件後，還必須考量對方沒看到信件的可能性，因此，寄出信件後務必再透過電話連繫：「爲了謹慎起見，想跟您確認是否收到信了。」或是，「您好，今天打電話給您是想確認○○○的那件事。」以確認對方有收到該信件。而且爲了讓對方能清楚知道你要溝通的事情，要謹慎寫下 E-mail 主旨，註明時間、事件，使收件人易懂、易找，例如「關於 10/1 的○○會議準備事項」，而非只是「會議重點」。其餘其他「顧人怨」的項目，也希望大家牢記，避免犯同樣的錯誤。尤其是重要事情的聯繫，當面說明或打電話會比用 LINE、E-mail 來得可靠些，別像 2013/6/3 蘋果日報報導因爲貪圖方便，「用 LINE 請生理假女被炒」，主管怒斥「不尊重」

還「公佈對話當教案」，那就因小失大了。

3. 慎用「Group」的群組，一一選取收件者雖然費事，但發信不應該漫天花雨般寄給無關的人，以免浪費別人的時間，造成別人的困擾。二來也可以避免工作機密外洩。同樣地，回覆信件時也應慎用「全部回覆」這項功能，以免弄到每個人信箱裡都有好幾十封同主題的回覆信件，讓人連收信、刪信都很煩，浪費大家的時間。

4.一信多寄時，多用「密件副本」而非用「副本」功能，可避免洩漏別人的 E-mail Address。將所有人的 E-mail Address 攤在陽光下，就是不貼心、不用心的表現，也可能涉及個人資料保護法。做到這一點，就能讓人感覺到你的謹慎，避免引起別人的反感。

5.發信前要確認收信人是否無誤，否則，把原本要跟自己朋友抱怨某人的壞話，寄給別人，就「覆水難收」了，會有多大的風波，只能看自己的造化了。

自傳撰寫注意事項

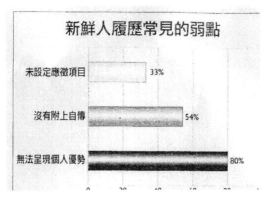

履歷表和自傳，是面試官瞭解求職者，是否合乎企業需求的主要管道，也是決定能否獲得面試機會的關鍵。自傳就像個人

的廣告信，在履歷表中要盡量突顯自己的優勢，以及本身的「學科」、「技能」、「個性」、「態度」和未來工作的關連性。寫作能力好壞，不只影響考試成績，求職也一樣重要。104 人力銀行公關經理方光瑋指出，應徵大企業的履歷表，若無法在 40 秒內吸引人，就會石沉大海。善用「倒金字塔」新聞寫作技巧，自傳一開始就凸顯重點、特色，是求職致勝關鍵[2]。新鮮人寫自傳最大的困難，除了不知從何下筆，內容不符合企業需求，也是一大問題。有高達 90%以上的求職者，在自傳中詳細介紹自己的家庭背景，卻沒有提供企業想知道的訊息，也就是「求職者的所學所能，是否符合企業的需要」，因此對企業沒有吸引力。自傳如果沒有突顯個人與所應徵職務間的關係，就很容易被淹沒在數百封的應徵信當中，當然無法得到面試的機會。104 人力銀行前品牌總監邱文仁指出新鮮人履歷表常見的弱點如上圖。所以寫一份「吸睛」的自傳，對謀職而言是非常重要的。邱文仁還表示，履歷表和自傳都是主考官瞭解求職者是否合乎企業需求的主要管道，是決定著求職者能否獲得面試機會的關鍵。主考官看完履歷後，會以自傳瞭解求職者的「思維模式」、「表達能力」，及「更深入的瞭解求職者的所學所能」。如果寫得不好，或甚至沒有寫，獲得面試的機會是很低的，所以求職者千萬不要忽略寫自傳的重要性。邱文仁也指出要特別注意的是：掌

---

2 引自 2007/10/31 聯合報。

握適當的字數。寫太多或太少、內容沒有分段、或是用字遣詞直接以網路聊天用語寫作，像是「粉喜歡說」這類的用詞，是無法獲得面試官青睞的。新鮮人自傳的字數不用太多，800~1000字即可，內容分三段，分別說明學歷或在學校的學習狀況、過去的工作經驗與社團經驗、強調自己個性上的競爭力，每一段的主旨都在告訴企業主：「我是你要的人」，新鮮人只要依照這個原則來寫，段段緊扣企業所要知道的訊息，求職面試都能夠無往不利。邱文仁也將自傳寫作步驟表解如下，大家不妨參考利用：

自傳寫作步驟～～

第1段
我的學歷、學科、學習，是你要的人

這一段新鮮人要將自己在校所學，與所應徵的職務所需知識緊密相扣，可敘述一下自己在學校修過什麼課程、或所得到的好成績，（如果成績不好就不要提了！）表明自己的學歷、學科、學習，與所要應徵的工作有高度相關。如果未來想做的工作與本科系所學無直接關連，也可透過陳述「擁有相關證照」、「曾經選修或旁聽相關課程」、以及「常常閱讀相關雜誌書籍」的經驗來補強，再再表示自己的學習能夠因應未來職務的需要。

第2段
我過去的工作、社團經驗所呈現的經驗及個性，是你要的人

例如如果想應徵工程師，在校期間又曾經在某大企業的資訊部門有過工讀經驗，便可以大書特書，強調自己過去的經驗有助於未來擔任工程師的職務。倘若學生時期的兼職經驗沒有「直接」和「未來工作」相關，也可以用「個性」、「態度」上的共同性來呈現，突顯自己與該職務間的關連。例如想應徵空服人員，但只有咖啡店服務生的工讀經驗，便可以連結兩種職務間共同的「服務」特質，好好發揮。

第3段
再次「強調個性上的競爭力，是你要的人」

新鮮人在這一段可多多表達個人的學習精神及企圖心，例如勤奮、積極、樂於學習…等，並懇請面試官給予面試機會。例如：我的個性開朗，而且願意不斷地學習，若未來有機會進入貴公司，我將不斷精進自己的專業知識，並會向同事、主管請益，懇請給予面試機會。

3

---

3 文字說明可參考網頁
　http://career11.mac.nthu.edu.tw/job/freshman/1200449951-472.htm。

履歷表撰寫注意事項

不論你想要找何種工作，第一步驟都是要寫一份有內涵的履歷表。但如何讓面試主管在讀完你的履歷表之後，願意給你面試的機會呢？這不花點心思是無法達到的，然而寫履歷表真的那麼難嗎？其實只要注意下列幾項要點就能完成一份中規中矩的履歷表：

1.構思與規劃。沒有規劃的履歷表，肯定是無法受人青睞的，所以一定要先想好你想讓對方知道些什麼？也可藉此讓你更瞭解自己，因此首先需擬一份文辭通暢、簡潔扼要的草稿。

2.個人資料。姓名、生日、年齡、身高體重、籍貫、住址、聯絡電話等，必須確實填寫，但請勿註明宗教信仰、政治黨派，以免和主考官相左，而無端遭到池魚之殃。

3.應徵職位。應徵項目要寫清楚，若無註明欲應徵的職位，恐怕會使人一頭霧水，千萬不要寫「什麼職缺我都願意做」，這種履歷一定會先被過濾掉，因為不清楚自己要做什麼，只是為了找工作而來應徵，這樣會讓人覺得你只想混口飯吃。

4.希望待遇。希望的薪資是多少錢？依各產業及工作地點之不同而有甚大差異，可向諸位元親朋好友打探消息，或註明依公司規定。

5.相片。古有明訓：好的開始是成功的一半，切記要給看信的人留下好印象，就不要貼上藝術照或像通緝犯的

搞怪相片。

6.學歷。注意年代應由近到遠或由遠到近，需與經歷的年代順序相同。幼稚園及小學、國中，可不必提或簡要交代；把重點放在高中、大學及研究所。

7.經歷或學校社團服務、實習經驗。新鮮人可敘述學校社團服務、實習經驗；而已有社會工作經驗者，敘述年代次序應與學歷相同，寫出工作日期及公司名稱，最重要的是職務內容，盡量具體描述而非如陳述一件他人的經歷。若能附上作品、證照、獎狀等文件，就更具說服力。

8.優點及專長。別怕人家知道你的優點，如過目不忘之功、心思縝密等等，可趁此機表現一番，並將一些特殊專長或流利的外語能力填入專長欄中，如在履歷表上寫「英語精通」，就不如附上英文自傳，這樣面試的機會就會大增。但仍應務求實在，以防面試當日被識破底細，或他日走馬上任後，僱主有受欺之感。

9.用心填寫或製作。完成以上草稿後，請以工整字跡填妥，若是電腦打字者，請注意列印品質，以表示你是個做事細心的人。

年輕人常在履歷表和自傳中使用火星文、注音文，甚至用可愛的「大頭貼」取代個人照，顯見新世代普遍沒意識到履歷表的重要性。在此提醒各位，應以謹慎莊重的態度來撰寫個人履歷表。千萬別像下面這則報導[4]的仁兄，履

---

4 2006/08/29 聯合報。

歷表上了報紙，當然工作也沒指望了。

火星文履歷表

「懇請賞我工作 orz 3Q」

「感謝您抽空觀看我ㄉ自傳…我是真ㄉ很不錯ㄛ！^^"」　企業主看到傻眼

【記者陳嘉恩／台北報導】「感謝您抽空觀看我ㄉ自傳」、「我粉早就發展出一《特質，對自己有興趣ㄉ事物發揮驚人力學習力ˇQ」、「讀給我一個機會，我是真ㄉ很不錯ㄛ！^^"」、「懇請大哥大姊賞我工作，感激不盡orz．3Q！」

這不是七年級生的網路聊天紀錄，而是出現在職訓局「全國就業e網」上的「火星文履歷」，讓前來官方網站求才的企業主看到都覺得傻眼。

例如一名來自台南的求職者，短短三百多字的個人自傳，就用了八個注音符號，加上「orz，3Q」。他說，「在長期得自己找樂子ㄉ情況下，粉早就發展出一《特質，對自己有興趣ㄉ事物能發揮出驚人力學習力習爆發力並且忠於自己。」最後還選「懇請大哥大姊賞我個工作。」

另一名求職者的自傳，不到三百字，有笑臉圖、有十個注音符號，他說，「希望所學ㄉ運用到生活裡，由於多年來在電腦多媒體事（錄）研研有心得，ㄏㄏ──，也為自己提升不少功力ㄛ。」瞧似的求職信，除了濫用注音符號，還有不少錯字，難怪令雇主看了搖頭。

職訓局長陳益民說，年輕人常在履歷和自傳中使用火星文、注音文，甚至用可愛的「大頭貼」取代個人照，顯見七年級生普遍看輕履歷的重要性。

暑假是社會新鮮人投入職場的求職旺季，職訓局從「全國就業e網」發現，許多年輕人不知道如何寫履歷，導致求職第一步受挫。職訓局提醒求職者，應用謹慎莊重的態度來撰寫個人履歷表。

職訓局在今年初舉辦履歷表創作比賽，許多人運用多媒體製作出來具個人特色及實質內容的履歷。職訓局已把優秀作品放在「全國就業e網」新鮮人專區（網址：http://www.ejob.gov.tw），供新鮮人參考。

陳益民也提醒求職者，在投遞履歷表之前，一定要對求才廠商與相關職缺有更多了解，預先評估自身能力與優勢。

新人類求職信

表一：

我是台南人，家裡有五個成員，有爸媽還有兩個姐姐，我是家中排行老么，家庭經濟狀況算小康啦。父母靠離開開明，從來不會給我很大的壓力，所以一直養成獨立的個性。在長期得自己找樂子ㄉ情況下，粉早就發展出一《特質，對自己有興趣ㄉ事物能發揮出驚人力學習力跟爆發力並且忠於自己《AOA》

學生時代就累積許多不同領域的工作經驗，從醫院版房業到保險業務銷售工作都讓我學習到非常多有趣、寶富之知識②

我ㄉ學習力及企圖心都非常旺盛，懇請大哥大姊賞我個工作，感激不盡orz．3Q！

××求職者 敬上

表二：

您好！！

感謝您抽空觀看我ㄉ自傳及履歷表，個性屬樂觀踏實，絕是徹頭利完成公司所交付ㄉ任務，我喜歡今日事今日畢，迅敏速決，希望能把所學ㄉ設計運到到生活裡，能提供更好ㄉ生活品質及資訊，由於多年來在攝腦多媒體事研有所得ㄅㄅ──由為自己在設計裡提界不少功力ㄛ！從小獨立自主ㄉ我，具有敏銳觀察力強、樂觀態度，設計案都興致勃勃，孜孜不倦精益求精，就是我ㄉ工作態度〈>.<〉

敬祝 身體健康 飛黃騰達

最後為大家簡介目前求職者最「夯」的選擇──「影音履歷」，新世代投影音履歷求職，企業界也用影音徵才，比起傳統履歷表，「影音履歷」更能引起僱主們的注意，簡短且內容充實的「影音履歷」不僅加深僱主的印象，充分傳達求職者的態度，展現自信心與表達能力，同時在進入第二輪的面試階段時，還能拉近面試者與求職者之間的距離。「影音履歷」作為個人完整履歷的一部份，絕對可

以讓自己的履歷表在茫茫檔案中突顯出來。1111 人力銀行營運長兼發言人吳睿穎說，過去 YouTube、無名小站等影音平臺尚未風行前，企業人資主管收到影音履歷檔還嫌麻煩，但現在不同，輕而易舉就能把影音檔上傳至網路，企業主在抽象文字外，還能實際看到求職者談吐、儀表。104 人力銀行公關經理方光瑋則說，注重口語表達能力的業務、行銷、產品經理等職位，文字履歷說的再多，都不如以影音履歷來展現流暢口語表達的能力，「影音履歷反而讓人眼睛為之一亮」。履歷寫再多美麗的詞藻，不如眼見為憑，影音履歷成為打動廠商的新武器，同樣地，企業也開始透過影音爭取求職者認同。

　　「影音履歷」如同拍一部微電影一樣，先要構思好腳本，以及明確掌握要呈現的重點是什麼？注意講話的方式、拍攝燈光，以及拍攝完之後的後製等工作，才能完成一部讓面試主管印象深刻的作品。以下就請大家一同觀看筆者所製作的一段教學影片。

《作 業》

1.練習撰寫一份求職自傳。

2.練習拍攝求職影音履歷。

主要參考書目

袁行霈主編，中國文學史，臺北市：五南書局，2003。

葉慶炳，中國文學史，臺北市：台灣學生書局，1987。

劉大傑，中國文學發展史，天津市：百花文藝出版社，1999。

張三通，先秦文學史，新莊市：經史子集，1998。

張三通，魏晉南北朝文學史，新莊市：經史子集，1998。

遊國恩等，中國文學史，臺北市：五南書局，1990。

邱燮友、周何、田博元編著，國學導讀，臺北市：三民書局，1993。

塗釋仁等，趣看文學史，臺北市：翰林出版社，2010。

國家文藝基金管理委員會主編，中國文學講話，臺北市：巨流圖書公司，1982-1987。

筆記摘要